本书由广东财经大学法学院、广东财经大学法治与经济发展研究所联合资助出版

课题项目：知识产权诉讼制度研究　编号：14SFB50023

刘 平 著

知识产权诉讼
法律制度若干问题研究

ZHISHI CHUANQUAN SUSONG
FALÜ ZHIDU RUOGANWENTI YANJIU

中国政法大学出版社

2019·北京

声　明　　1. 版权所有，侵权必究。

　　　　　2. 如有缺页、倒装问题，由出版社负责退换。

图书在版编目（ＣＩＰ）数据

知识产权诉讼法律制度若干问题研究/刘平著. —北京：中国政法大学出版社，2019.11
ISBN 978-7-5620-9315-2

Ⅰ.①知… Ⅱ.①刘… Ⅲ.①知识产权－民事诉讼－研究－中国 Ⅳ.①D923.404

中国版本图书馆 CIP 数据核字(2019)第 256153 号

出　版　者	中国政法大学出版社
地　　　址	北京市海淀区西土城路 25 号
邮寄地址	北京 100088 信箱 8034 分箱　邮编 100088
网　　　址	http://www.cuplpress.com（网络实名：中国政法大学出版社）
电　　　话	010-58908586（编辑部）58908334（邮购部）
编辑邮箱	zhengfadch@126.com
承　　　印	北京九州迅驰传媒文化有限公司
开　　　本	720mm×960mm　1/16
印　　　张	11.5
字　　　数	200 千字
版　　　次	2019 年 11 月第 1 版
印　　　次	2019 年 11 月第 1 次印刷
定　　　价	39.00 元

前 言 PREFACE

　　本书是笔者所主持的 2014 年司法部法治与法学理论研究专项任务——知识产权诉讼制度研究——的研究成果。该专项任务以知识产权诉讼制度为研究对象的一个重要立法背景是，2014 年 8 月全国人民代表大会常务委员会通过了《关于在北京、上海、广州设立知识产权法院的决定》（以下简称为《设立知识产权法院的决定》）。《设立知识产权法院的决定》对设立知识产权法院的目的、知识产权法院管辖的案件、知识产权法院的组织机构等事项作了规定。同年 10 月，最高人民法院公布《关于北京、上海、广州知识产权法院案件管辖的规定》（以下简称为《知识产权法院案件管辖的规定》），进一步细化了北京、上海、广州知识产权法院的案件管辖。北京、上海、广州知识产权法院的设立，是我国知识产权民事、行政诉讼管辖制度方面的一个重大突破。

　　在知识产权的行政授权确权、权属争议、权利保护、权利转让或许可使用的过程中，均有可能产生诉讼，包括民事诉讼、行政诉讼和刑事诉讼。知识产权民事诉讼、行政诉讼和刑事诉讼适用的法律包括实体法和程序法，其中，程序法主要是《中华人民共和国民事诉讼法》（以下简称为《民事诉讼法》）、《中华人民共和国行政诉讼法》（以下简称为《行政诉讼法》）和《中华人民共和国刑事诉讼法》（以下简称为《刑事诉讼法》）及其相关司法解释。严格地说，并不存在独立于民事诉讼法、行政诉讼法和刑事诉讼法之外的知识产权诉讼法律制度。然而，由于《设立知识产权法院的决定》以及

《中华人民共和国专利法》（以下简称为《专利法》）、《中华人民共和国商标法》（以下简称为《商标法》）、《中华人民共和国著作权法》（以下简称为《著作权法》）、《中华人民共和国反不正当竞争法》（以下简称为《反不正当竞争法》）、《中华人民共和国植物新品种保护条例》（以下简称为《植物新品种保护条例》）、《集成电路布图设计保护条例》等法律、法规及其相关司法解释，对知识产权诉讼特别是知识产权民事诉讼和知识产权行政诉讼所适用的某些程序作了特别规定，并且在知识产权诉讼过程中，这些特别规定具有优先适用的效力，因此，将这些特别规定统称为知识产权诉讼法律制度也未尝不可。

在承担前述专项研究任务工作的过程中，笔者和课题组成员曾到广州知识产权法院以及广东、湖南的部分企业、商品交易市场和行政执法机构进行调研；走访了22名代理过知识产权诉讼案件的律师或/和专利代理人（其中5人既是律师，也是专利代理人）以及2名曾经代理过商标民事诉讼后因民事诉讼法、行政诉讼法的修改不再以出庭的方式代理商标民事案件和商标授权确权行政案件的商标代理人；[1]还曾就电力、机械、冶金、化工、汽车、船舶等技术领域的教科书以及技术手册、技术字典等工具书的编撰工作及其与所属技术领域的公知常识之间的关系问题向部分主持或参与过相关教科书、工具书编撰工作的专家请教；此外，还走访了部分承办过侵犯知识产权犯罪案件侦查工作的公安人员。在此过程中，笔者和课题组成员就当前我国知识产权诉讼实务中存在的法律问题——重点是程序法律问题听取了法官、技术调查官、律师、专利代理人、商标代理人、公安人员和当事人的意见。

相关法律、法规和最高人民法院的相关司法解释之所以会就知识产权诉讼程序作出某些特别规定，盖因知识产权及其诉讼具有某些特点或特殊之处。关于知识产权的特点，许多学者从不同的角度进行了归纳论证，虽然不同学者的观点有所不同，甚至相差迥异，但是都在一定程度上有助于人们深化对知

---

[1] 这两名商标代理人实际上仍然在代理商标民事案件和商标授权确权行政案件，只是将出庭的工作交由律师承担，而其他代理工作，包括诉讼文书的撰写、证据的收集、出庭前针对庭审过程中的质证和辩论的准备工作都是由商标代理人或者主要由商标代理人完成的。

识产权的认识。[1]需要强调的是，知识产权是著作权（版权）、专利权、商标专用权、布图设计专有权、品种权（植物新品种权）等以非物质性财产为客体的多种类型的"具体的知识产权"的统称，并且著作权（版权）、专利权、商标专用权、布图设计专有权、植物新品种权等不同类型的"具体的知识产权"各自具有不同的特点，将这些具有不同特点的权利统称为知识产权并不具有形式逻辑上的必然性，因此，要归纳出某一个各种类型的知识产权均具有且知识产权之外的任何一种其他民事权利均不具有的特点，这几乎是不可能的。例如，时间性——知识产权的存续有法定的时间限制——被许多学者认为是知识产权的特点之一，然而，基于商业秘密和商品的特有名称、包装、装潢而产生的知识产权都是没有法定的时间限制的。另外，即便是注册商标专用权，法律也通过商标的续展制度，使得商标专用权可以不断地突破时间的限制。又如，客体的非物质性被部分学者认为是知识产权的特点，然而，客体的非物质性并非知识产权所独有的特点。例如，公民的个人信息也具有非物质性，但是，基于公民的个人信息而产生的个人信息权并非是一种知识产权。需要强调的是，虽然适用于各类知识产权并且仅适用于知识产权的"特点"几乎是不存在的，但是从实用的角度，而不是从形式逻辑的角度出发，对知识产权的特点做一些归纳，还是有助于人们理解知识产权及其诉讼的特殊性的。本书认为，除客体的非物质性和权利本身的时间性外，知识产权还具有下述特点：

第一，权利的不稳定性。所谓权利的不稳定性，是指部分类型的知识产权在法定期限届满前，有可能被依法撤销或宣告无效，从而导致权利终止甚至被视为自始既不存在。例如，注册商标专用权可因注册商标无正当理由连续3年不使用而被依法撤销，也可因注册商标本身违法而被依法宣告无效。又如，发明或实用新型专利权有可能因授予专利权的发明或实用新型不具备创造性或者存在其他实质性缺陷而被依法宣告无效。再如，布图设计专有权有可能因被登记的布图设计不具备创造性而被依法撤销。权利不稳定性使得解决知识产权侵权纠纷的民事诉讼与解决知识产权确权问题的行政诉讼交织

---

[1] 张玉敏："知识产权的概念和法律特征"，载《现代法学》2001年第5期；杨和义："论知识产权的法律特征"，载《知识产权》2004年第1期；郑成思：《知识产权论》（修订本），法律出版社2001年版，第77~96页。

在一起，并有可能引发循环诉讼问题。

第二，知识产权保护范围的可扩展性与扩展条件的相对不确定性。所谓保护范围的可扩展性，是指知识产权的保护范围大于字面上确定的权利范围。当然，知识产权保护范围的扩展是有条件的，并且扩展条件具有相对不确定性。以注册商标专用权为例，根据《商标法》第56条的规定，注册商标专用权以核准注册的商标和核定使用的商品为限，然而，根据《商标法》第57条的规定，未经商标注册人的许可，在同一种商品上使用与其注册商标近似的商标，或者在类似商品上使用与其注册商标相同或者近似的商标，容易导致混淆的，属于侵犯注册商标专用权的行为。这就意味着注册商标专用权的保护范围可以有条件地扩展到类似商品和近似商标，而扩展的条件则是被控侵权商标所使用的商品与注册商标所核定使用的商品类似、被控侵权商标与注册商标近似并且容易导致混淆，由于商标的近似与不近似、商品的类似与不类似之间，特别是容易导致混淆与不容易导致混淆之间并不存在泾渭分明的界线，故扩展的条件具有相对的不确定性。另外根据《商标法》第13条第3款的规定，已注册驰名商标的保护范围可以有条件地扩展到不相类似的商品，尽管《商标法》第14条对注册驰名商标的认定条件作了规定，但在实际认定的过程中，仍具有一定程度的不确定性。又以专利权为例，根据《专利法》第59条的规定，发明或者实用新型专利权的保护范围以其权利要求的内容为准，说明书及附图可以用于解释权利要求的内容。外观设计专利权的保护范围以表示在图片或者照片中的该产品的外观设计为准，简要说明可以用于解释图片或者照片所表示的该产品的外观设计。而通过解释，发明或者实用新型专利权的保护范围会因等同侵权的适用而有所扩展，外观设计专利权的保护范围也会因相似外观设计的认定而有所扩展。然而，无论是等同侵权的适用——其前提是等同特征的认定，还是相似外观设计的认定，均具有一定的弹性空间或者不确定性。[1]此外，根据《最高人民法院关于审理侵犯专利权纠纷案件应用法律若干问题的解释（二）》[以下简称为《专利权纠纷案件解释（二）》]第21条的规定，专利权的保护范围可以有条件地扩展到专门用于实施专利的材料、设备、零部件、中间物等专用品，而扩展条件也具有

---

[1] 向波："论专利权保护范围的不确定性——以等同原则为考察视角"，载《兰州学刊》2015年第11期，第128~134页。

一定程度的不确定性。当然，也有学者认为，专用品本身不属于专利权的保护范围，但是，提供专用品的行为与他人的行为结合起来有可能侵犯专利权或者对他人侵犯专利权的行为提供帮助，因而需要承担侵权责任。[1]

第三，权利冲突与权利重叠的多发性。所谓权利冲突，是指在形式上相同的保护客体上存在两种以上的知识产权，且两种以上的知识产权分别属于不同的权利人而产生的一种权利抵触状态。例如，美术作品、图形商标、由图案构成的产品外观设计分别属于著作权、商标专用权和外观设计专利权的保护客体，从法律概念上说属于不同的保护客体，但是在形式上，美术作品、图形商标、由图案构成的产品外观设计均可表现为线条和色彩的结合，特别是部分美术作品既可以作为商标的图案使用，也可以作为产品外观设计的图案使用。因此，作为著作权保护客体的美术作品与作为商标专用权保护客体的图形商标或者作为外观设计专利权保护客体的由图案构成的产品外观设计有可能在形式上相同。在商标注册人或外观设计专利权人未经美术作品著作权人许可，将其美术作品作为商标的图形或者外观设计产品的图案分别申请并获得商标专用权或外观设计专利权的情况下，就会产生著作权与商标专用权或外观设计专利权的冲突。当然，这类权利冲突本质上是一方当事人侵犯另一方当事人的在先权利，侵权人所享有的"权利"实质上不具备正当性基础，而在权利的产生与行使的过程中，如果各方当事人均恪守权利边界的话，就不可能产生这类权利冲突。不过，这并不意味着各方当事人的权利均具有正当性基础的权利冲突不存在。例如，某企业的字号所使用的中文词组有可能与同行业的另一企业所获准注册的商标使用的中文词组完全相同，且前者的企业名称权（其核心是字号权）与后者的商标专用权均具有正当性基础，在这种情况下，就会产生实实在在的权利冲突。尤其是在两个企业均为服务型企业，所述注册商标为服务商标，并且两个企业所从事商业服务活动的地域范围交叉甚至重叠的情况下，两个权利既合法共存、又相互抵触的事实也是客观存在的。

与权利冲突相反，当在形式上相同的保护客体上存在两种以上的知识产权，且两种以上的知识产权归属于同一权利主体时，就会产生权利重叠问题。

---

[1] 周详、罗军："对专利权保护范围延及专用品的质疑——专利间接侵权及其与权利要求撰写质量之间的关系"，载《中国专利与商标》2019年第1期，第30~41页。

在权利重叠的情况下,权利人有可能在诉讼中针对实质上的同一侵权行为,分别主张不同的权利。例如,当图形商标的商标注册人同时也是以该图形为表现形式的美术作品的著作权人时,商标注册人在针对他人侵犯注册商标专用权的行为起诉时,也可能会同时请求法院确认被告侵犯其著作权。

第四,部分类别的知识产权与科学技术之间的关系密切,甚至涉及复杂的技术问题。例如,发明或实用新型专利权、布图设计专有权、植物新品种权、计算机软件著作权、技术秘密等,均与科学技术之间存在密切联系。

上述特点决定了知识产权诉讼所涉及的法律关系及其相关的事实认定问题通常较为复杂,因此,相关法律、法规和最高人民法院的相关司法解释对知识产权诉讼所适用的程序作出了某些特别的规定,以此作为民事诉讼法、行政诉讼法、刑事诉讼法的有益补充,这确实是有必要的。

值得注意的是,虽然《设立知识产权法院的决定》等单行法律和最高人民法院针对知识产权诉讼程序所作的特别规定具有优先适用的效力,但是,这些特别规定涉及的只是部分程序问题,故知识产权诉讼适用的程序法律主要还是民事诉讼法、行政诉讼法、刑事诉讼法及其相关司法解释中的一般规定。因此,尽管本书所讨论的知识产权诉讼制度是以《设立知识产权法院的决定》等单行法律和最高人民法院针对知识产权诉讼程序所作的特别规定为主要内容,但也不可避免地涉及民事诉讼法、行政诉讼法、刑事诉讼法及其相关司法解释中的一般规定。当然,对于那些既适用于知识产权案件,又适用于其他案件,且对于知识产权案件的法律适用来说并无特殊之处的诉讼制度或程序,例如但不限于,合议制度、回避制度、两审终审制度、生效判决的执行程序等,本书原则上不涉及。另需说明的是,知识产权授权确权行政诉讼是知识产权诉讼的重要方面,由于知识产权授权确权行政诉讼所适用的程序法律与知识产权授权确权的行政程序之间有着密切的联系,故本书在讨论知识产权授权确权行政诉讼程序法律问题的同时,也对与之密切相关的行政程序做了介绍。此外,知识产权诉讼程序方面的特殊性与知识产权自身的特殊性密切相关,而知识产权自身的特殊性又体现在知识产权实体法律的规定中。因此,本书在讨论知识产权诉讼程序法律问题时,也附带地讨论了一些相关的实体法律问题,例如,刑法所规定的侵犯知识产权罪。

目录 CONTENTS

前言 ·· 001

第一章　知识产权诉讼类型 ·· 001
一、知识产权民事诉讼 ·· 001
二、知识产权行政诉讼 ·· 012
三、知识产权刑事诉讼 ·· 023

第二章　知识产权诉讼管辖 ·· 035
一、民事诉讼法关于管辖的一般规定 ·· 036
二、行政诉讼法关于管辖的一般规定 ·· 041
三、知识产权民事、行政案件的管辖 ·· 042
四、知识产权刑事案件的管辖 ··· 053
五、现行知识产权诉讼管辖存在的主要问题及其解决对策 ······························· 056
六、在信息网络环境下知识产权侵权产品销售地的确认与管辖问题 ·················· 058
七、其他与知识产权有关案件的管辖及其他程序问题的个案分析 ····················· 060

第三章　知识产权授权确权行政诉讼 ··· 069
一、引言 ··· 069

二、商标授权确权行政诉讼 …………………………………………… 071
　　三、专利授权确权行政诉讼 …………………………………………… 102

第四章　知识产权共同侵权、间接侵权及其诉讼问题 …………… 136
　　一、知识产权共同侵权 ………………………………………………… 136
　　二、《侵权责任法》第 8 条与第 9 条之间的关系 …………………… 137
　　三、知识产权间接侵权 ………………………………………………… 138
　　四、共同侵权、间接侵权与诉讼 ……………………………………… 139
　　五、专利间接侵权及其诉讼 …………………………………………… 139

第五章　知识产权诉讼证据 ……………………………………………… 150
　　一、民事诉讼法及相关司法解释关于民事诉讼证据的一般规定 …… 150
　　二、行政诉讼法及相关司法解释对行政诉讼证据的一般规定 ……… 158
　　三、刑事诉讼法及相关司法解释对刑事诉讼证据的一般规定 ……… 164
　　四、知识产权民事诉讼证据若干问题分析 …………………………… 166
　　五、知识产权行政诉讼证据问题 ……………………………………… 171
　　六、知识产权刑事诉讼证据问题 ……………………………………… 172

参考文献 …………………………………………………………………… 174

第一章 Chapter 1
知识产权诉讼类型

一、知识产权民事诉讼

民事诉讼是指法院在当事人和其他诉讼参与人的参加下,以审理、判决、执行等方式解决民事纠纷的活动以及由这些活动产生的各种诉讼关系的总和。[1]民事诉讼包括知识产权民事诉讼。所谓知识产权民事诉讼,是指以知识产权或者与知识产权有关的权益为标的的民事诉讼。由于知识产权民事诉讼属于民事诉讼的范畴,因此,民事诉讼法的基本原则和基本制度,例如当事人诉讼权利平等原则、法院调解自愿合法原则、辩论原则、处分原则、检察监督原则等基本原则,合议制度、回避制度、公开审判制度、两审终审制度等基本制度,除涉及商业秘密的民事案件不公开审理外,完全适用于知识产权民事诉讼。另外,除非国家立法机关和最高人民法院针对知识产权民事诉讼程序另有规定,民事诉讼法关于民事诉讼程序的具体制度也同样适用于知识产权诉讼。

(一)知识产权民事诉讼的当事人

在不同的知识产权民事案件中,知识产权民事诉讼的原告可能是知识产权权利人——包括知识产权共有人中的一方当事人、知识产权的利害关系人、知识产权合同纠纷的一方当事人、基于知识产权权利人的授权而依法以自己的名义起诉的人(例如著作权集体管理组织)、对知识产权或者申请知识产权的权利或者与知识产权有关的人格利益的权属有争议的一方当事人。所谓知

---

[1] 李浩:《民事诉讼法学》(第2版),法律出版社2014年版,第7页。

识产权的利害关系人，是指知识产权使用许可合同的被许可人、知识产权财产权利的合法继承人等。其中，知识产权独占实施许可合同的被许可人可以单独起诉；排他实施许可合同的被许可人在知识产权权利人不起诉的情况下，可以单独起诉；除合同另有约定外，普通实施许可合同的被许可人不能单独起诉。[1]

知识产权民事诉讼的被告可能是涉嫌侵犯知识产权的行为人，涉嫌教唆或帮助他人实施侵犯知识产权行为的行为人，知识产权合同纠纷的另一方当事人，知识产权共有人中的另一方当事人，对知识产权或者申请知识产权的权利或者与知识产权有关的人格利益的权属有争议的另一方当事人。

值得注意的是，知识产权权利人与知识产权独占许可使用合同的被许可人之间有可能存在因知识产权权利人在民事诉讼中行使损害赔偿请求权而引发的民事纠纷。例如，某公司——某发明专利独占使用合同的被许可人——的常年法律顾问（律师）曾向笔者介绍，该公司前几年与某发明专利权人签订了一份为期五年的专利独占许可使用合同，该合同除约定被许可人需缴纳高额的许可使用费外，还约定在全国范围内和合同有效期内，该发明专利权人不得为生产经营目的实施该发明专利，也不得许可他人实施该发明专利，但未就第三方侵犯该发明专利权的维权事宜及其损害赔偿的问题作出明确约定。在双方履行合同的过程中，该发明专利权人发现第三方侵犯该发明专利，便向人民法院起诉第三方侵权，并因此获得了损害赔偿。但是，该发明专利权人并未将第三方侵犯该发明专利权的事实告诉被许可人。也许是不希望人民法院知悉某公司系该发明专利的独占许可使用人，该发明专利权在起诉状中对独占许可使用合同只字未提，当然也不可能要求人民法院参照许可使用费的倍数合理确定第三人侵犯专利权的赔偿数额，而只是要求人民法院酌定赔偿数额。

此后，被许可人获悉了第三方的侵权事实和该发明专利权人所采取的维权措施。被许可人对该发明专利权人的所作所为极为不满，并因此与该发明专利权人交涉，其理由是：第一，在该独占许可使用合同的有效期内，该发

---

[1] 参见《最高人民法院关于审理商标民事纠纷案件适用法律若干问题的解释》第4条、《最高人民法院关于对诉前停止侵犯专利权行为适用法律问题的若干规定》第1条之规定。另参见《专利行政执法办法》第10条第2款之规定。

明专利权人除依据合同的约定获得许可使用费外,不能针对该发明获得任何其他经济利益,然而,该专利权人通过维权获得的损害赔偿等于变相地获得了经济利益;第二,在该独占许可使用合同的有效期内,第三方的侵权行为实际上会造成被许可人的经济损失,而不会在实际上造成专利权人的损失;第三,根据《专利法》第65条第1款的规定,侵犯专利权的赔偿数额可以参照该专利许可使用费的倍数合理确定。独占许可使用合同的被许可人有独立的诉权和损害赔偿请求权,然而,为了"私吞"原本应当由被许可人获得的损害赔偿,该发明专利权人竟然连在诉状中提及该发明专利已被独占许可实施的勇气都没有。起初,对于被许可人的交涉,该发明专利权人认为自己的行为无可厚非,其理由是:第一,无论是根据现行专利法及其相关司法解释的规定,还是根据诉讼担当理论,对于侵犯专利权的行为,本发明专利权人有权向人民法院起诉并获得损害赔偿;第二,本发明专利权人的维权行为实际上为被许可人合法地垄断该发明专利产品的国内市场扫清了障碍,极大地维护了被许可人的利益,并且付出了相应的维权成本。对于该发明专利权人所陈述的理由,被许可人不予认可,并且反复要求该发明专利权人就为何在损害赔偿数额的确定问题上,未要求人民法院参照许可使用费的倍数合理确定赔偿数额的问题作出合理的解释。而恰恰是在这个问题上,该发明专利权人理屈词穷。就在被许可人准备就追索损害赔偿费用事宜向人民法院起诉之际,该发明专利权人转变了态度,此后,在双方律师的协调下,该发明专利权人和被许可人达成了补充协议,其主要内容是:第一,该发明专利权人已获赔偿数额的一半由被许可人分享,第二,对于后续发生的侵权行为,由被许可人向人民法院起诉,被许可人所获赔偿费的1/3由该专利权人分享。

(二) 知识产权民事诉讼的分类

根据不同的标准,可以对知识产权民事诉讼作出不同的分类。例如,根据原告提起民事诉讼的目的之不同,可以将知识产权民事诉讼分为知识产权侵权民事诉讼、确认不侵犯知识产权民事诉讼与确认知识产权权利归属之民事诉讼。

一般说来,除恶意诉讼外,原告提起知识产权侵权民事诉讼的目的是要追究被告的侵权责任,维护自己的合法权益。知识产权侵权民事诉讼,是指因他人实施了涉嫌侵犯知识产权的行为,而由知识产权权利人或者利害关系人——例如知识产权独占实施许可或者排他实施许可合同的被许可人——提起的民事诉讼。知识产权侵权行为,亦即侵犯知识产权的行为,通常表现为行为人未经知识产权权利人许可,且没有合理使用或法定许可等其他无需知识产权权利人许可,即可使用其知识产权(客体)的免责事由而使用其知识产权(客体)的行为。当然,行为人究竟是否侵犯了他人的知识产权,应由人民法院生效的判决予以确认,因此,知识产权侵权民事诉讼是指因他人涉嫌侵犯知识产权而引发的知识产权民事诉讼。知识产权侵权民事诉讼还包括知识产权权利人或者利害关系人为制止即将发生的侵权行为,亦即侵权行为实际并未发生,但行为人已经或正在实施侵犯知识产权的预备行为,而提起的民事诉讼。

原告提起确认不侵犯知识产权民事诉讼的目的则是为了制止知识产权权利人以维权的名义妨害原告正常的经营活动。现实生活中,确有一些知识产权权利人或其利害关系人对于他人涉嫌"侵犯知识产权"的行为,既不向法院起诉,也不请求相关的知识产权行政执法机关依法查处,而是通过发送律师函等文件向他人发出其侵犯知识产权的警告,以追究被警告人的法律责任相威胁,干扰其正常的生产经营活动。有的权利人甚至向被警告人的利害关系人——例如被控"侵权产品"的销售商——发律师函等文件,大肆渲染被警告人"侵犯知识产权"、被控"侵权产品"是"侵权、假冒商品",给被警告人及其利害关系人的正常经营活动造成消极影响。为了维护被警告人及其利害关系人的合法权益,最高人民法院在有关专利法的司法解释中明确规定了确认不侵犯专利权民事诉讼的受理条件。[1]而最高人民法院公布的修改后的《民事案件案由规定》(2011年)的第五部分第十四类第153条所列举的民事案件案由则包括确认不侵害专利权诉讼、确认不侵害著作权诉讼、确认不侵害商标权诉讼。另需说明的是,对知识产权案件有管辖权的法院在个案中对确认不侵犯知识产权之诉的受理条件进行了类推适用,不仅仅是专利、

---

[1]《最高人民法院关于审理侵犯专利权纠纷案件应用法律若干问题的解释》(法释[2009]21号)第18条规定:"权利人向他人发出侵犯专利权的警告,被警告人或者利害关系人经书面催告权利人行使诉权,自权利人收到该书面催告之日起一个月内或者自书面催告发出之日起二个月内,权利人不撤回警告也不提起诉讼,被警告人或者利害关系人向人民法院提起请求确认其行为不侵犯专利权的诉讼的,人民法院应当受理。"

商标、著作权,其他类型的知识产权也可适用确认不侵权之诉。[1]

知识产权权属争议民事诉讼是指,因一方当事人对另一方当事人所享有的知识产权的归属有争议而引发的知识产权民事诉讼。例如,发明人与其所属工作单位就申请专利的发明创造是否属于职务发明创造产生争议,并进而就专利申请权或专利权的归属所提起的民事诉讼,便是一类典型的知识产权权属争议民事诉讼。在专利申请获得授权之前,或者在专利申请获得授权之后且发明人及其所属单位均未实施专利技术的情况下,发明人与其所属单位之间不存在专利侵权纠纷,两者之间的纠纷纯粹是针对专利申请权或专利权的权属争议纠纷,根本不涉及侵犯专利权的问题。当然,知识产权侵权民事诉讼和知识产权权属争议民事诉讼这两类不同的民事诉讼也可能同时发生在相同的当事人之间。例如,甲向法院起诉乙,指控乙侵犯其专利权,请求法院判决乙停止侵权、赔偿损失,而乙则向法院反诉甲,请求法院将所述专利权判决给乙。

另需说明的是,部分知识产权权属争议民事诉讼的当事人所诉争的并非是知识产权本身,而是与知识产权有关的人格利益。例如,当事人因发明、实用新型或外观设计专利文件中的发明人、设计人署名争议而提起的民事诉讼所涉及的权利并不是专利权本身,而是发明人或设计人在发明、实用新型或外观设计专利文件中署名的权利。

根据知识产权法律关系的当事人之间是否存在以知识产权为标的的合同,可以将知识产权民事诉讼分为知识产权合同民事诉讼与知识产权非合同民事诉讼。将知识产权民事诉讼区分为知识产权合同民事诉讼与知识产权非合同民事诉讼,其意义在于,在知识产权法律关系的当事人之间存在以知识产权为标的的合同(知识产权合同),且合同本身有效的前提下,对于当事人之间的知识产权民事纠纷,合同具有优先适用的效力。例如,就解决知识产权合同纠纷的民事案件的管辖而言,根据《民事诉讼法》第34条的规定,在知识产权合同不违反本法对级别管辖和专属管辖的规定的前提下,当事人可以书面协议选择被告住所地、合同履行地、合同签订地、原告住所地、标的物所

---

[1] 参见北京市高级人民法院民事判决书[2011]高民终字第746号,本案涉及确认不侵犯品种权之诉,另参见上海市高级人民法院民事判决书[2008]沪高民三(知)终字第159号,本案涉及确认不侵犯商业秘密之诉。

在地等与争议有实际联系的地点的人民法院管辖。退一步说,即便当事人之间的知识产权合同,例如知识产权许可使用合同,被认定无效——这意味着知识产权许可使用合同自始就没有法律效力,也不宜简单地将被许可人依据该无效合同实施知识产权的行为作为侵权行为处理。尤其是在许可人对导致合同无效的结果也负有相应责任的情况下,更不能武断地将被许可人依据无效合同实施知识产权的行为等同于未经知识产权权利人许可实施其知识产权的侵权行为,而应当在合同法的框架内,根据处理无效合同的相关法律规定和司法解释合理确定被许可人依据无效合同实施他人知识产权的法律责任。

如上所述,知识产权是专利权、商标权、著作权等多种具体的知识产权的统称,而根据具体的知识产权种类也可以划分出各种具体类型的知识产权民事诉讼。根据《民法总则》第123条第2款的规定,知识产权是权利人依法就下列客体享有的专有的权利:

1. 作品

权利人依法就作品享有的专有权利谓之著作权。根据《著作权法实施条例》第2条的规定,著作权法所称作品,是指文学、艺术和科学领域内具有独创性并能以某种有形形式复制的智力成果。著作权是基于作品的创作而依法产生的民事权利,根据《著作权法》第10条的规定,著作权包括发表权、署名权、修改权、保护作品完整权、复制权、发行权、表演权、广播权、信息网络传播权等多项权利。基于作品的特定传播方式会依法产生与著作权有关的权益,亦即邻接权,根据《著作权法实施条例》第26条的规定,与著作权有关的权益,是指出版者对其出版的图书和期刊的版式设计享有的权利,表演者对其表演享有的权利,录音录像制作者对其制作的录音录像制品享有的权利,广播电台、电视台对其播放的广播、电视节目享有的权利。

著作权(含邻接权,以下同)人或者利害关系人针对他人侵犯著作权的行为可以提起著作权侵权民事诉讼;权利人(著作权人或者利害关系人)向他人发出侵权警告,被警告人或者利害关系人经书面催告权利人行使诉权,但权利人未在规定期限内起诉或撤回警告的,被警告人或者利害关系人可以提起确认不侵犯著作权诉讼;当事人因著作权的权属争议,例如,委托作品的委托人与受托人围绕委托作品的著作权归属所产生的争议,可以提起著作权权属争议民事诉讼。此外,当事人基于著作权转让合同或许可使用合同的争议也可提起著作权合同纠纷民事诉讼,其中,基于著作权转让合同的争议而提起的民事诉讼可能涉及权利的归属,也可能涉及其他事项,如转让费等。

2. 发明、实用新型、外观设计

权利人依法就发明、实用新型、外观设计享有的专有权利谓之专利权——发明专利权、实用新型专利权、外观设计专利权。根据《专利法》第2条的规定,发明是指对产品、方法或者其改进所提出的新的技术方案;实用新型,是指对产品的形状、构造或者其结合所提出的适于实用的新的技术方案;外观设计,是指对产品的形状、图案或者其结合以及色彩与形状、图案的结合所作出的富有美感并适于工业应用的新设计。根据《专利法》第11条的规定,产品发明和实用新型专利权包括制造权、使用权、销售权、许诺销售权和进口其专利产品权,方法发明专利权包括使用权、销售权、许诺销售权和进口依照该专利方法直接获得的产品权,外观设计专利权包括制造权、销售权、许诺销售权和进口其外观设计专利产品权。另据《专利法》第17条的规定,发明人或设计人有权在专利文件中写明自己是发明人或设计人,亦即发明人或设计人有权在专利文件上署名从而表明其发明人或设计人身份。不过,与著作权法所规定的著作权包括作者的署名权不同,在专利法所规定专利权中并不包括发明人或设计人的署名权。发明人或设计人的署名权是一种与专利权有关,但又独立于专利权的权利,即便专利申请被驳回,或者已授权的专利被放弃或者被宣告无效,发明人或设计人的署名权也不会因此而丧失。

专利权人或者利害关系人针对他人侵犯专利权的行为可以提起专利侵权民事诉讼;权利人向他人发出侵犯专利权的警告,受到侵权警告的被警告人或者利害关系人经书面催告权利人行使诉权,但权利人未在规定期限内起诉或撤回警告的,被警告人或者利害关系人可以提起确认不侵犯专利权诉讼;当事人围绕专利权的归属所产生的争议可以提起专利权权属争议民事诉讼。另需说明的是,专利法还规定了申请专利的权利以及因提交了符合受理条件的专利申请文件而产生的专利申请权。当事人围绕申请专利的权利或者专利申请权所产生的争议,也可以提起民事诉讼。实务中,人们也将这类民事诉讼称为专利权权属争议民事诉讼。

与专利权有关的民事诉讼还包括专利权合同纠纷民事诉讼、假冒专利民事诉讼以及发明专利临时保护期使用费诉讼。《专利法实施细则》第84条对假冒专利的行为作了列举式规定,其中,未经许可使用专利权人的专利号的行为,是一种既要承担民事责任,又要承担行政责任的侵权行为。不过,该行为所侵犯的是专利权人的专利标记权,而不是专利权本身。根据《专利法》第 13 条的规定,发明专利申请公布后,申请人可以要求实施其发明的单位或者个人支付适当的费用,这一规定谓之发明专利的临时保护。如果实施其发明的单位或者个人拒不支付适当的费用,则发明专利申请人可以在专利授权后通过提起民事诉讼,请求法院判决在其发明专利申请公布后到授权日之前这段时间内实施其发明的单位或者个人支付适当的费用。

3. 商标

权利人依法就商标享有的专有权利谓之商标权。综合《商标法》第 3 条、第 8 条、第 11 条以及《商标法实施条例》的相关规定,可知,商标是一种能为自然人的感觉器官直接感知和区分的、用以区分商品或服务来源的或者用以表明使用者在某组织中的成员资格的或者用以证明该商品或者服务的原产地、原料、制造方法、质量或者其他特定品质的、具有显著特征的识别性标志,包括商品商标、服务商标、集体商标和证明商标。值得注意的是,虽然印制在商品包装上的条形码通过机器读码后能够精确地识别商品的来源,但是,由于自然人的感觉器官无法直接区分条形码所负载的信息,因此,条形码不是商标法所指的商标。我国现行的商标法并未使用商标权这一概念,而是代之以商标专用权,不过在学理上或习惯上,人们更多地使用商标权这一概念。

商标权人或者利害关系人针对他人侵犯商标专用权的行为可以提起商标侵权民事诉讼;权利人向他人发出侵犯商标权的警告,受到侵权警告的被警告人或者利害关系人经书面催告权利人行使诉权,但权利人未在规定期限内起诉或撤回警告的,被警告人或者利害关系人可以提起确认不侵犯商标权诉讼;当事人,例如商标专用权转让合同的双方当事人,围绕商标专用权转让合同的效力与商标专用权归属而产生的争议,可以通过提起商标专用权权属争议民事诉讼予以解决。

4. 地理标志

权利人依法就地理标志享有的专有权利谓之地理标志权。根据《商标法》第 16 条第 2 款的规定,地理标志是指标示某商品来源于某地区,该商品的特定质量、信誉或者其他特征,主要由该地区的自然因素或者人文因素所决定的标志。地理标志在形式上通常表现为地理名称加商品通用名称或者由图形加地理名称等文字组合而成的专用标志,例如"章丘大葱""五常大米"等就是由地理名称加商品通用名称构成的地理标志。

根据《商标法实施条例》第4条的规定，地理标志可以作为证明商标、集体商标受到保护。地理标志证明商标或集体商标的注册人为对地理标志产品的质量、信誉或者其他特征具有监督管理能力的组织，或者是由符合地理标志使用条件的多名使用人组成的集体。地理标志证明商标或集体商标的注册人有权许可符合地理标志使用条件的使用人在其生产、销售的商品上使用地理标志，有权禁止不符合地理标志使用条件的使用人在其生产、销售的商品上使用地理标志，并追究使用人的侵权责任。所谓地理标志使用条件，是指使用人所生产、销售的商品的特定质量、信誉或者其他特征主要由地理标志所标示的地区的自然因素或者人文因素所决定。值得注意的是，地理标志商品与来源于地理标志所标示的地区生产的商品是两个不同的概念，来源于地理标志所标示的地区生产的商品并非都是地理标志商品。针对不具备地理标志使用条件的行为人擅自使用地理标志商品名称的侵权行为，证明商标或集体商标的注册人可以提起侵权民事诉讼。[1]

另需说明的是，原国家技术监督局（后更名为国家质量监督检验检疫总局）和原国家质量监督检验检疫总局曾先后于1998年、2005年公布《原产地域产品保护规定》（已失效）和《地理标志产品保护规定》，以部门规章的形式对地理标志——原产地域产品专用标志或地理标志产品名称及专用标志——提供保护。[2]根据《地理标志产品保护规定》第8条的规定，地理标志产品保护申请，由当地县级以上人民政府指定的地理标志产品保护申请机构或人民政府认定的协会和企业（以下简称申请人）提出，并征求相关部门意见。根据该规章第19条的规定，地理标志保护产品的质量检验由省级质量技术监督部门、直属出入境检验检疫部门指定的检验机构承担。必要时，国家质检总局将组织予以复检。

《地理标志产品保护规定》对地理标志提供的是一种行政保护，根据该规章第21条的规定，各地质检机构依法对地理标志保护产品实施保护。对于擅自使用或伪造地理标志名称及专用标志的；不符合地理标志产品标准和管理规范要求而使用该地理标志产品的名称的；或者使用与专用标志相近、易产

---

[1] 参见北京市高级人民法院[2012]高民终字第58号民事判决书：舟山市水产流通与加工行业协会与北京申马人食品销售有限公司、北京华冠商贸有限公司侵害商标权纠纷上诉案。

[2] 原国家质量监督检验检疫总局在2005年公布《地理标志产品保护规定》的同时，明令废止《原产地域产品保护规定》。

生误解的名称或标识及可能误导消费者的文字或图案标志,使消费者将该产品误认为地理标志保护产品的行为,质量技术监督部门和出入境检验检疫部门将依法进行查处。社会团体、企业和个人可监督、举报。

值得注意的是,2018年原国家质量监督检验检疫总局与原国家工商行政管理总局、原国家食品药品监督管理总局合并组建国家市场监督管理总局。针对地理标志的保护,新组建的国家市场监督管理总局是继续沿用《地理标志产品保护规定》,还是在《地理标志产品保护规定》的基础上制定新的部门规章,目前尚不清楚。从笔者在一些学术研讨会上所了解到的信息来看,原国家工商行政管理总局商标局——已调整隶属关系并更名为国家知识产权局商标局——的部分专家倾向于用证明商标和集体商标对地理标志予以统一保护,不主张在证明商标和集体商标之外以专用标志的形式另行对地理标志提供保护。不过,在《民法总则》已经将地理标志作为一种与商标并列的知识产权客体予以规定的情况下,今后,国家市场监督管理总局乃至国家立法机关,在商标法之外就地理标志的保护作出专门规定也是有可能的。

地理标志也存在权属争议。例如,某市某行业协会针对该市的某种特色农产品申请注册了含有某市地名和商品通用名称的集体商标(地理标志),许可全市范围内具备相应资质的农户使用该集体商标。而隶属于该市某县的某行业协会则认为,前述特色农产品的地理来源仅限于该县,某市其他区县生产的同类农产品实际上并不具备前述特色农产品所具备的特定品质,从而与某市某行业协会之间产生了地理标志权属的争议。[1]此外,在地理标志被他人申请注册普通商品商标的情况下,也会在当事人之间产生与地理标志有关的权属争议。

5. 商业秘密

权利人依法就商业秘密享有的专有权利谓之商业秘密权。[2]根据《反不正当竞争法》第9条第3款的规定,商业秘密是指不为公众所知悉、具有商

---

[1] 迄今为止,该纠纷仍由相关当事人在协商,尚未进入诉讼程序,故本书未公开所述地理标志的具体名称。

[2] 在我国现行的法律体系中,并未直接规定"商业秘密权"这一法律概念。由于《民法总则》明确规定商业秘密是一种知识产权的客体,并且《刑法》第219条明确使用了"商业秘密的权利人"这样的表述,而实务中也有部分专业人士使用"商业秘密权"这一表述,本书认为,可以将权利人依法就商业秘密享有的专有权利称之为商业秘密权。

业价值并经权利人采取保密措施的技术信息和经营信息等商业信息。该条款所规定的技术信息又被称为技术秘密。

对于侵犯商业秘密的行为，商业秘密的权利人或其利害关系人可以提起商业秘密侵权民事诉讼。商业秘密也存在权利归属争议。例如，商业秘密所保护的技术信息（技术秘密）的实际完成人与其所在的工作单位之间，技术开发合同的当事人之间，均有可能就商业秘密的权利归属问题产生争议。与商业秘密的权利归属有关的争议也可以通过民事诉讼的途径解决。另外，部分法院也受理过确认不侵犯商业秘密的民事诉讼。[1]

6. 集成电路布图设计

权利人依法就集成电路布图设计享有的专有权利谓之布图设计专有权。根据《集成电路布图设计保护条例》第 2 条的规定，集成电路是指半导体集成电路，即以半导体材料为基片，将至少有一个是有源元件的两个以上元件和部分或者全部互联线路集成在基片之中或者基片之上，以执行某种电子功能的中间产品或者最终产品；集成电路布图设计，是指集成电路中至少有一个是有源元件的两个以上元件和部分或者全部互连线路的三维配置，或者为制造集成电路而准备的上述三维配置。

对于侵犯布图设计专有权的行为，布图设计专有权人或其利害关系人可以提起布图设计专有权侵权民事诉讼。另外，集成电路布图设计的当事人也可能就布图设计专有权的归属产生争议，并通过民事诉讼解决布图设计专有权的归属争议。

7. 植物新品种

权利人依法就植物新品种享有的专有权利谓之品种权或者植物新品种。根据《植物新品种保护条例》第 2 条的规定："本条例所称植物新品种，是指经过人工培育的或者对发现的野生植物加以开发，具备新颖性、特异性、一致性和稳定性并有适当命名的植物品种。"

未经品种权人许可，以商业目的生产或者销售授权品种的繁殖材料的属于侵犯品种权的行为。针对侵犯品种权的行为，品种权人或者利害关系人可以提起品种权侵权民事诉讼。植物新品种也存在权利归属争议，例如，在委托育种或者合作育种当事人之间，有可能就对品种权的归属产生争议，这类

---

[1] 参见上海市高级人民法院民事判决书［2008］沪高民三（知）终字第 159 号。

争议也可以通过民事诉讼解决。另外，法院也受理过确认不侵犯品种权的民事诉讼。[1]

8. 法律规定的其他客体

法律规定的其他客体，是《民法总则》第 123 条第 2 款关于知识产权保护客体的兜底性规定。就我国现行的法律而言，法律规定的其他客体，主要是反不正当竞争法所规定的保护客体。例如，2017 年修改后的《反不正当竞争法》第 6 条第（一）项所规定的"有一定影响的商品名称、包装、装潢"也属于知识产权的客体范畴。该法条中"有一定影响的商品名称、包装、装潢"是由原《反不正当竞争法》所规定"知名商品的特有名称、包装、装潢"修改而来的。该法条中的"有一定影响"应从具体的市场竞争关系中去把握，通常应考虑商品名称、包装、装潢的持续使用时间、区域、销售量或者广告宣传情况。该法条中的"商品名称"是指商品的通用名称之外的、能够起到识别商品来源作用的商品名称。事实上，将这种能够用于识别商品来源作用的商品名称理解为未注册商标——未注册的文字商标，也未尝不可。

根据《反不正当竞争法》第 6 条的规定，经营者擅自使用与他人有一定影响的商品名称、包装、装潢等相同或者近似的标识，引人误认为是他人商品或者与他人存在特定联系的混淆行为，属于侵犯有一定影响的商品名称、包装、装潢的不正当竞争行为。对于这类不正当竞争行为，有一定影响的商品名称、包装、装潢的权利人可以提起民事诉讼，另外，当事人也可能就有一定影响的商品名称、包装、装潢的权利归属产生争议，这类争议也可以通过民事诉讼解决。例如，广州医药集团与加多宝公司之间围绕凉茶的红罐包装的权利归属所产生的争议，就是通过民事诉讼的途径解决的。[2]

除了"有一定影响的商品名称、包装、装潢"外，《反不正当竞争法》第 6 条第（三）项所规定的"有一定影响的域名主体部分、网站名称、网页等"也可视为知识产权的客体。

二、知识产权行政诉讼

综合《行政诉讼法》第 2 条、第 6 条等法条的规定，可知，行政诉讼是

---

[1] 参见北京市高级人民法院民事判决书［2011］高民终字第 746 号。
[2] 参见最高人民法院民事判决书［2015］民三终字第 3 号。

公民、法人或者其他组织认为行政机关和行政机关工作人员的行政行为侵犯其合法权益，依法向人民法院起诉，人民法院对所述行政行为的合法性进行审查并作出裁决的活动。行政诉讼包括知识产权行政诉讼。知识产权行政诉讼是指被诉行政行为涉及知识产权申请人、权利人或者相对人的合法权益的行政诉讼。所谓相对人，主要包括因侵犯知识产权而受到知识产权行政执法部门处罚和/或责令立即停止侵权的人，请求宣告知识产权无效或者撤销知识产权，或者请求实施知识产权的强制许可，但所述请求被知识产权审批机关或复审机关予以驳回的人，以及其他违反知识产权法律，依法受到地方知识产权行政执法部门行政处罚的人。由于知识产权行政诉讼属于行政诉讼的范畴，故行政诉讼法的基本原则和基本制度，例如当事人在诉讼中的法律地位平等原则、合法性审查原则、辩论原则、检察监督原则等基本原则，合议、回避、公开审判和两审终审制度等基本制度，除涉及商业秘密的行政案件不公开审理外，完全适用于知识产权行政诉讼。另外，除非国家立法机关和最高人民法院针对知识产权行政诉讼程序另有规定，民事诉讼法关于民事诉讼程序的具体制度也同样适用于知识产权诉讼。

在不同的知识产权行政案件中，知识产权行政诉讼的原告可能是知识产权申请人、知识产权权利人、请求知识产权行政部门撤销或宣告知识产权无效的请求人，也可能是因（涉嫌）侵犯知识产权而受到知识产权行政部门处罚的人，而知识产权行政诉讼的被告则是知识产权行政部门，包括知识产权行政执法部门、知识产权审批机关、知识产权复审机关。此外，在涉及撤销或宣告知识产权无效的行政诉讼中，知识产权权利人或者请求知识产权行政部门撤销或宣告知识产权无效的请求人，均有可能作为有独立请求权的第三人参加诉讼。在本书中，知识产权行政部门不仅指各级知识产权局，而且也包括虽然具有知识产权之外的其他行政职权，但至少对某一类别的知识产权或某项知识产权行政事务享有行政职权的部门，例如市场监督管理局、版权局、海关等。由于知识产权行政部门的具体名称较多，且随着机构改革，部分知识产权行政部门的具体名称、隶属关系也有变化，故有必要予以介绍。

（一）2018年4月10日之前的知识产权行政部门

1. 知识产权行政执法部门

知识产权行政执法部门主要包括下列行政部门：

（1）各级知识产权局，包括国家知识产权局和地方各级知识产权局。地方各级知识产权局负责处理专利纠纷,国家知识产权局负责处理集成电路布图设计纠纷,国家知识产权局同时也是知识产权审批机关。

(2) 地方各级版权局。地方各级版权局负责查处侵犯著作权同时又损害公共利益的违法行为。

(3) 地方各级工商行政管理局。地方各级工商行政管理局负责处理商标和不正当竞争纠纷。

(4) 地方各级质量技术监督局。地方各级质量技术监督局负责处理地理标志(不包括已注册为集体商标或证明商标的地理标志)产品名称和专用标志纠纷。

(5) 省级以上人民政府农业、林业行政部门。省级以上人民政府农业、林业行政部门负责处理品种权纠纷。

(6) 海关。海关负责调查处理涉嫌侵犯已在海关总署备案的知识产权的进出口货物。

2. 知识产权审批机关

知识产权审批机关包括下列行政部门:

(1) 国家知识产权局。国家知识产权局负责专利申请和集成电路布图设计登记申请的审批。

(2) 国防专利局。国防专利局负责国防专利申请的审查。[1]

(3) 国家工商行政管理总局商标局。国家工商行政管理总局商标局负责商标注册申请的审批以及注册商标的注销、撤销和部分注册商标的无效宣告。

(4) 国务院农业、林业行政部门(现在的名称为农业农村部、国家林业和草原局)。国务院农业、林业行政部门分别负责不同种类的植物新品种的品种权申请的审批。

3. 知识产权复审机关

知识产权复审机关包括下列行政部门:

(1) 国家知识产权局专利复审委员会。国家知识产权局专利复审委员会负责专利申请的复审和专利权无效案件的审理,以及布图设计专有权登记申

---

[1] 《国防专利条例》第18条:"国防专利申请经审查认为没有驳回理由或者驳回后经过复审认为不应当驳回的,由国务院专利行政部门作出授予国防专利权的决定,并委托国防专利机构颁发国防专利证书,同时在国务院专利行政部门出版的专利公报上公告该国防专利的申请日、授权日和专利号。国防专利机构应当将该国防专利的有关事项予以登记,并在《国防专利内部通报》上刊登。"

请的复审和撤销。

（2）国防专利复审委员会。国防专利复审委员会负责国防专利的复审和无效宣告工作。

（3）国家工商行政管理总局商标评审委员会。国家工商行政管理总局商标评审委员会负责商标注册申请被驳回、已注册商标被商标局撤销或宣告无效案件的复审，以及其他单位或个人提出的注册商标无效宣告请求的审理。

（4）分别由国务院农业、林业行政部门所设立的植物新品种复审委员会。植物新品种复审委员会负责品种权申请被驳回的复审，以及请求宣告品种权无效或植物新品种更名案件的审理。此外，植物新品种复审委员会还可以依职权对不符合规定——包括名称不符合规定——的植物新品种，宣告品种权无效，或者给植物新品种更名。

（二）2018年4月10日以来知识产权行政部门的调整

自2018年4月10日以来，根据2018年国务院机构改革方案，对部分知识产权行政部门的职权范围、机构名称和隶属关系作了如下调整：

将国家工商行政管理总局的职责、国家质量监督检验检疫总局的职责、国家食品药品监督管理总局的职责、国家发展和改革委员会的价格监督检查与反垄断执法职责、商务部的经营者集中反垄断执法以及国务院反垄断委员会办公室等职责整合，组建国家市场监督管理总局，作为国务院直属机构。同时，组建国家药品监督管理局，由国家市场监督管理总局管理。与此同时，将国家知识产权局的职责、国家工商行政管理总局的商标管理职责、国家质量监督检验检疫总局的原产地地理标志管理职责整合，重新组建国家知识产权局，由国家市场监督管理总局管理。

2019年2月14日，国家知识产权局公布《关于变更业务用章及相关表格书式的公告》。该公告规定，国家知识产权局原专利复审委员会并入国家知识产权局专利局，原国家工商行政管理总局商标局、商标评审委员会、商标审查协作中心整合为国家知识产权局商标局，不再保留专利复审委员会、商标评审委员会、商标审查协作中心。机构调整后，专利、商标审查工作将以国家知识产权局的名义开展，原专利复审委员会、原国家工商行政管理总局商标局、商标评审委员会、商标审查协作中心机构名称不再使用。涉及原专利复审委员会、原国家工商行政管理总局商标局、商标评审委员会、商标审查协作中心的业务办理程序不变。尚未办结的事项由继续行使其职权的新机构办理，已发出的通知书/书式、作出的行政决定、签订的各类协议继续有效。自 2019 年 4 月 1 日起，原专利复审委员会、原国家工商行政管理总局商标局、商标评审委员会、商标审查协作中心的业务印章停止使用，统一启用新的业务印章。新业务印章由"国家知识产权局"加具体业务类型组成。

与国务院机构改革相配套，地方各级人民政府也进行了相应的配套改革，但具体做法不完全一致。例如，有的地区在原工商行政管理局、质量技术监督局、食品药品监督管理局基础上组建市场监督管理局，原工商行政管理局处理商标纠纷和不正当竞争纠纷的行政职权以及原质量技术监督局处理地理标志产品专用标志纠纷的行政职权，交由新组建的市场监督管理局行使。有的地区则是在成立市场监督管理局的同时，将原工商行政管理局处理商标纠纷和不正当竞争纠纷的行政职权以及原质量技术监督局处理地理标志产品专用标志纠纷的行政职权，移交知识产权局行使。还有一些地区则是在原工商行政管理局、质量技术监督局、食品药品监督管理局和知识产权局的基础上组建市场监督管理局，并以加括号的形式保留知识产权局这一机构名称，例如广东省市场监督管理局（广东知识产权局）。

纵观国务院机构改革和地方机构改革，可以看到，对知识产权行使行政管理职权的行政部门有相对集中的趋势。为了表述的简便，除非具体问题的分析需要使用行政部门的具体名称，本书将与知识产权的行政保护、授权确权有关的行政部门统称为知识产权行政部门，并根据其职能的不同，分为知识产权行政执法部门、知识产权审批机关和知识产权复审机关。国务院机构改革后，国家知识产权局既是商标注册申请、专利申请和布图设计专有权登记申请的审批机关，又是相应的复审机关。当然，在国家知识产权局的内部，商标注册申请、专利申请和布图设计专有权登记申请的审批与复审（包括请求宣告无效）也是有分工的，只不过是以国家知识产权局的名义统一受理商标注册申请、专利申请和布图设计专有权登记申请以及相应的复审（包括请求宣告无效）申请，并以国家知识产权局的名义作出相应的决定。

另需说明的是，虽然自 2019 年 4 月 1 日起，专利、商标审查工作将以国家知识产权局的名义开展，原专利复审委员会、原国家工商行政管理总局商标局、商标评审委员会、商标审查协作中心机构名称不再使用，但是，由于专利复审委员会、商标评审委员会、商标局等机构的名称仍存在于现行的法律中，特别是在上述机构改革方案公布后，全国人大常委会于 2019 年 4 月 23

日第四次修改后的《商标法》仍然保留了商标局、商标复审委员会、工商行政管理部门等机构名称。故本书在具体介绍相关制度时,仍保留了专利复审委员会、商标评审委员会、商标局等机构名称。虽然名称的改变并不会对知识产权申请人、权利人以及相关公众的利益造成任何实质的影响,但从维护法律的权威性和依法行政的角度考量,国家知识产权局的决定显然欠妥。

(三)知识产权行政诉讼的分类

1. 不服知识产权行政执法部门的行政行为的行政诉讼

我国对知识产权实行司法保护与行政保护的双轨制。对于知识产权侵权纠纷,知识产权权利人或者利害关系人,除了通过协商解决纠纷或者通过民事诉讼的途径追究侵权人的民事责任外,还可以依据商标法、专利法等知识产权单行法或者反不正当竞争法的相关规定,请求知识产权行政执法部门处理。

例如,根据《商标法》第 60 条的规定,有本法第 57 条所列侵犯注册商标专用权行为之一,[1]引起纠纷的,由当事人协商解决;不愿协商或者协商不成的,商标注册人或者利害关系人可以向人民法院起诉,也可以请求工商行政管理部门处理。工商行政管理部门处理时,认定侵权行为成立的,责令立即停止侵权行为,没收、销毁侵权商品和主要用于制造侵权商品、伪造注册商标标识的工具,违法经营额 5 万元以上的,可以处违法经营额 5 倍以下的罚款,没有违法经营额或者违法经营额不足 5 万元的,可以处 25 万元以下的罚款。对 5 年内实施 2 次以上商标侵权行为或者有其他严重情节的,应当从重处罚。销售不知道是侵犯注册商标专用权的商品,能证明该商品是自己合法取得并说明提供者的,由工商行政管理部门责令停止销售。对侵犯商标专用权的赔偿数额的争议,当事人可以请求进行处理的工商行政管理部门调解,也可以依照《民事诉讼法》向人民法院起诉。经工商行政管理部门调解,当事人未达成协议或者调解书生效后不履行的,当事人可以依照《民事诉讼法》向人民法院起诉。

---

[1]《商标法》第 57 条:"有下列行为之一的,均属侵犯注册商标专用权:(一)未经商标注册人的许可,在同一种商品上使用与其注册商标相同的商标的;(二)未经商标注册人的许可,在同一种商品上使用与其注册商标近似的商标,或者在类似商品上使用与其注册商标相同或者近似的商标,容易导致混淆的;(三)销售侵犯注册商标专用权的商品的;(四)伪造、擅自制造他人注册商标标识或者销售伪造、擅自制造的注册商标标识的;(五)未经商标注册人同意,更换其注册商标并将该更换商标的商品又投入市场的;(六)故意为侵犯他人商标专用权行为提供便利条件,帮助他人实施侵犯商标专用权行为的;(七)给他人的注册商标专用权造成其他损害的。"

又如，根据《专利法》第 60 条的规定，未经专利权人许可，实施其专利，即侵犯其专利权，引起纠纷的，由当事人协商解决；不愿协商或者协商不成的，专利权人或者利害关系人可以向人民法院起诉，也可以请求管理专利工作的部门处理。管理专利工作的部门处理时，认定侵权行为成立的，可以责令侵权人立即停止侵权行为，当事人不服的，可以自收到处理通知之日起 15 日内依照《行政诉讼法》向人民法院起诉；侵权人期满不起诉又不停止侵权行为的，管理专利工作的部门可以申请人民法院强制执行。进行处理的管理专利工作的部门应当事人的请求，可以就侵犯专利权的赔偿数额进行调解；调解不成的，当事人可以依照《民事诉讼法》向人民法院起诉。

再如，根据《集成电路布图设计保护条例》第 31 条的规定，未经布图设计权利人许可，使用其布图设计，即侵犯其布图设计专有权，引起纠纷的，由当事人协商解决；不愿协商或者协商不成的，布图设计权利人或者利害关系人可以向人民法院起诉，也可以请求国务院知识产权行政部门处理。国务院知识产权行政部门处理时，认定侵权行为成立的，可以责令侵权人立即停止侵权行为，没收、销毁侵权产品或者物品。当事人不服的，可以自收到处理通知之日起 15 日内依照《行政诉讼法》向人民法院起诉；侵权人期满不起诉又不停止侵权行为的，国务院知识产权行政部门可以请求人民法院强制执行。应当事人的请求，国务院知识产权行政部门可以就侵犯布图设计专有权的赔偿数额进行调解；调解不成的，当事人可以依照《民事诉讼法》向人民法院起诉。

知识产权行政执法部门所处理的知识产权纠纷涉及各类知识产权，其他知识产权单行法和反不正当竞争法有关知识产权行政执法部门处理知识产权侵权纠纷的规定就不再一一列举了。需要强调的是，虽然《著作权法》以第 47 条、第 48 条两个条文的形式对仅承担民事责任和既要承担民事责任、又要承担行政责任甚至刑事责任的侵权行为作了区分，并且《著作权法》第 55 条所规定的著作权纠纷处理方式未包括请求著作权行政管理部门处理。但是，在保护著作权的行政执法实践中，著作权行政管理部门通常是根据著作权人或著作权集体管理组织提供的线索，查处《著作权法》第 48 条所规定的侵权行为。

知识产权行政部门处理知识产权纠纷，认定侵权行为成立的，可依法对侵权人作出行政处罚和/或行政命令。行政处罚主要有罚款、没收侵权物品等，行政命令主要是责令侵权人立即停止侵权行为。如果侵权人认为知识产权行政部门所作出的行政处罚和/或行政命令损害其合法权益,可以知识产权行政执法部门为被告,向人民法院起诉。

知识产权行政执法部门的行政行为也包括不作为。针对知识产权行政执法部门的不作为,知识产权权利人也可以知识产权行政执法部门为被告,向人民法院起诉。[1]另需说明的是,除处理知识产权纠纷外,知识产权行政执法部门也查处其他虽未侵犯知识产权,但违反知识产权法的规定并且破坏市场管理秩序的违法行为。例如,将未注册商标冒充注册商标的行为,假冒专利但并未涉及他人专利的行为,均属于虽未侵犯知识产权,但违反知识产权法的规定并且破坏市场管理秩序的违法行为。对这类违法行为,知识产权行政部门会依法作出包括罚款在内的行政处罚并责令立即停止违法行为。如果行为人认为知识产权行政部门的行政行为损害其合法权益,可以知识产权行政部门为被告,向人民法院起诉。

2. 不服知识产权审批机关强制许可决定、裁决的行政诉讼

我国现行的知识产权单行法分别规定了实施发明或实用新型专利的强制许可和实施植物新品种的强制许可。《专利法》第48条至第51条就以下六种情形规定了实施专利的强制许可:①因专利权人未实施或者未充分实施专利而给予的强制许可;②为消除或者减少垄断行为对竞争产生的不利影响而给予的强制许可;③为应对紧急状态或者非常情况而给予的强制许可;④为公共利益目的而给予的强制许可;⑤为公共健康目的而给予的强制许可;⑥具有重大技术进步的在后专利与其所依赖的在先专利相互之间的强制许可。

强制许可向国家知识产权局(国务院专利行政部门)提出申请,根据《专利法》第57条的规定,取得实施强制许可的单位或者个人应当付给专利权人合理的使用费,或者依照中华人民共和国参加的有关国际条约的规定处理使用费问题。付给使用费的,其数额由双方协商;双方不能达成协议的,由国务院专利行政部门裁决。另据《专利法》第58条的规定,专利权人对国务院专利行政部门关于实施强制许可的决定不服的,专利权人和取得实施强制许可的单位或者个人对国务院专利行政部门关于实施强制许可的使用费的裁决不服的,可以自收到通知之日起3个月内向人民法院起诉。

根据《植物新品种保护条例》第11条的规定,为了国家利益或者公共利

---

[1] 参见云南省昆明市中级人民法院行政判决书[2018]云01行终48号。

益，审批机关可以作出实施植物新品种强制许可的决定，并予以登记和公告。取得实施强制许可的单位或者个人应当付给品种权人合理的使用费，其数额由双方商定；双方不能达成协议的，由审批机关裁决。品种权人对强制许可决定或者强制许可使用费的裁决不服的，可以自收到通知之日起3个月内向人民法院提起诉讼。

除了对发明或实用新型专利以及植物新品种可以有条件地给予强制许可外，《集成电路布图设计保护条例》还就使用布图设计的非自愿许可作了规定，非自愿许可与强制许可并无实质区别。根据《集成电路布图设计保护条例》第25条的规定，在国家出现紧急状态或者非常情况时，或者为了公共利益的目的，或者经人民法院、不正当竞争行为监督检查部门依法认定布图设计权利人有不正当竞争行为而需要给予补救时，国务院知识产权行政部门可以给予使用其布图设计的非自愿许可。另据《集成电路布图设计保护条例》第29条的规定，布图设计权利人对国务院知识产权行政部门关于使用布图设计非自愿许可的决定不服的，布图设计权利人和取得非自愿许可的自然人、法人或者其他组织对国务院知识产权行政部门关于使用布图设计非自愿许可的报酬的裁决不服的，可以自收到通知之日起3个月内向人民法院起诉。

3. 不服知识产权复审机关的复审决定的行政诉讼

在这类行政诉讼中，审批机关作出的决定主要是指知识产权审批机关针对知识产权申请所作出的驳回决定，但不尽然。

专利申请、商标注册申请、品种权申请、集成电路布图设计登记申请均有可能被相应的知识产权审批机关驳回，如果申请人对知识产权审批机关的驳回决定不服，则可依法向知识产权复审机关申请复审。知识产权复审机关对驳回决定以及申请复审的事实和理由进行审查后，将作出复审决定。复审决定有可能撤销知识产权审批机关的驳回决定，也可能维持知识产权审批机关的驳回决定。如果申请人对复审决定不服，则可以知识产权复审机关为被告，向人民法院（北京知识产权法院）起诉。

例如，根据《集成电路布图设计保护条例》第19条的规定，布图设计登记申请人对国务院知识产权行政部门驳回其登记申请的决定不服的，可以自收到通知之日起3个月内，向国务院知识产权行政部门请求复审。国务院知识产权行政部门复审后，作出决定，并通知布图设计登记申请人。布图设计登记申请人对国务院知识产权行政部门的复审决定仍不服的，可以自收到通知之日起3个月内向人民法院起诉。

又如，根据《植物新品种保护条例》第32条的规定，审批机关设立植物新品种复审委员会。对审批机关驳回品种权申请的决定不服的，申请人可以自收到通知之日起3个月内，向植物新品种复审委员会请求复审。植物新品种复审委员会应当自收到复审请求书之日起6个月内作出决定，并通知申请人。申请人对植物新品种复审委员会的决定不服的，可以自接到通知之日起15日内向人民法院提起诉讼。

再如，根据《专利法》第41条的规定，国务院专利行政部门设立专利复审委员会。[1]专利申请人对国务院专利行政部门驳回申请的决定不服的，可以自收到通知之日起3个月内，向专利复审委员会请求复审。专利复审委员会复审后，作出决定，并通知专利申请人。专利申请人对专利复审委员会的复审决定不服的，可以自收到通知之日起3个月内向人民法院起诉。

需要说明的是，作为商标注册申请的审批机关，商标局或者国家知识产权局不仅有权核准商标注册申请，驳回商标注册申请，而且有权撤销已注册商标或者宣告注册商标无效。[2]如果商标注册申请人不服商标局驳回商标注册申请的决定，或者商标注册人不服商标局撤销注册商标或者宣告注册商标无效的决定，或者撤销注册商标的请求人不服商标局所作出的不予撤销注册商标的复审请求，可以向国家知识产权局（商标评审委员会）申请复审，请求国家知识产权局（商标评审委员会）撤销商标局所作出的驳回商标注册申请的决定，或者撤销商标局所作出的撤销注册商标或者不予撤销注册商标的

---

〔1〕 虽然自2019年3月1日起，不再使用"专利复审委员会"这一名称，专利申请的审查和专利复审的审理都以国家知识产权局的名义进行，但在国家知识产权局内部，专利申请的审查部门和专利复审（包括宣告专利权无效）的审理部门是有严格分工的，专利复审和无效案件的受理与审理不会因停止使用"专利复审委员会"这一名称而受到影响。

〔2〕 导致注册商标被撤销的原因是注册商标使用不当，或者成为其核定使用的商品的通用名称，或者无正当理由连续3年不使用。有权撤销注册商标的行政机关是商标局。根据《商标法》第49条的规定，商标注册人在使用注册商标的过程中，自行改变注册商标、注册人名义、地址或者其他注册事项的，由地方工商行政管理部门责令限期改正；期满不改正的，由商标局撤销其注册商标。注册商标成为其核定使用的商品的通用名称或者没有正当理由连续3年不使用的，任何单位或者个人可以向商标局申请撤销该注册商标。导致注册商标被宣告无效的原因是，注册商标所使用的标志本身违法（某些标志本身不能作为商标注册或使用），或者申请商标的行为违法（以欺诈手段或侵犯他人在先权利等）。在商标注册所使用的标志本身违法或者属于以欺诈手段获准注册的情况下，商标局可依职权宣告注册商标无效。

决定，或者撤销商标局宣告注册商标无效的决定。经复审，国家知识产权局（商标评审委员会）有可能维持商标局所作出的决定，也可能撤销商标局所作出的决定。如果商标注册申请人、商标注册人或者撤销商标注册的请求人对国家知识产权局（商标评审委员会）的决定不服，可以依法向人民法院（北京知识产权法院）起诉。

4. 不服知识产权复审机关在无效宣告程序中所作决定的行政诉讼

专利权、商标专用权、品种权等知识产权自公告授权之日起，任何单位或个人均可依法请求知识产权复审机关宣告知识产权无效，如果知识产权复审机关作出维持被请求宣告无效的知识产权的决定，则无效宣告请求人可以知识产权复审机关为被告，以知识产权权利人为第三人，向人民法院（北京知识产权法院）起诉。如果知识产权复审机关作出宣告被请求宣告无效的知识产权无效的决定，则知识产权权利人可以知识产权复审机关为被告，以无效宣告请求人为第三人，向人民法院（北京知识产权法院）起诉。

与专利权、商标专用权无效宣告程序有所不同的是，对于不符合授权条件的品种权，植物新品种复审委员会既可以依据职权宣告品种权无效——无需他人提出无效宣告请求，也可以依据任何单位或者个人的请求宣告品种权无效，而国家知识产权局（专利复审委员会、商标评审委员会）在没有当事人提出请求的情况下，不能依据职权宣告专利权、商标权无效。

另需说明的是，综合《集成电路布图设计保护条例》第20条和《集成电路布图设计保护条例实施细则》第29条、第30条的规定，对于不符合规定的布图设计专有权，例如集成电路布图设计缺乏独创性的，国家知识产权局（专利复审委员会）可依职权撤销布图设计专有权，并且被撤销布图设计专有权视为自始即不存在。[1] 这就意味着布图设计专有权被撤销在效果上相当于被宣告无效。另据《集成电路布图设计保护条例》第20条的规定，布图设计专有权人对撤销布图设计登记不服的，可以自收到通知之日起3个月内向人民法院（北京知识产权法院）起诉。

---

[1] 虽然集成电路布图设计保护条例及其实施细则没有规定他人可以请求撤销布图设计专有权（撤销布图设计登记），但事实上任何单位或个人可以向专利复审委员会提出撤销意见，由专利复审委员会审查后决定是否启动撤销程序，专利复审委员会的审查范围不受撤销意见提出人所提出的理由和证据的限制。撤销意见提出人可以作为一方当事人参与案件的审理程序。

三、知识产权刑事诉讼

刑事诉讼，是指人民法院、人民检察院和公安机关在当事人及其他诉讼参与人的参加下，依照法律规定的程序，解决被追诉者刑事责任问题的活动。[1] 知识产权刑事诉讼，是指针对被追诉者涉嫌侵犯知识产权罪的行为提起刑事诉讼。知识产权刑事诉讼包括公诉和自诉，根据《最高人民法院、最高人民检察院关于办理侵犯知识产权刑事案件具体应用法律若干问题的解释（二）》（以下简称为《"两高"解释（二）》）的规定，被害人有证据证明侵犯知识产权的刑事案件，直接向人民法院起诉的，人民法院应当依法受理；严重危害社会秩序和国家利益的侵犯知识产权的刑事案件，由人民检察院依法提起公诉。

（一）侵犯知识产权罪

侵犯知识产权罪是《刑法》分则第三章第七节所规定的一个类罪名。刑法将侵犯知识产权罪置于分则第三章所规定的破坏社会主义市场经济秩序罪中，而不是置于刑法分则第五章所规定的侵犯财产罪中，这表明了国家立法机关主要是从维护市场经济秩序的角度保护知识产权。《刑法》第213条至第219条规定了七个具体的侵犯知识产权罪的罪名、构成要件及其刑事责任。七个罪名是：假冒注册商标罪、销售假冒注册商标的商品罪、非法制造、销售非法制造的注册商标标识罪、假冒专利罪、侵犯著作权罪、销售侵权复制品罪、侵犯商业秘密罪。另据《刑法》第220条的规定，单位也可以构成侵犯知识产权罪。根据《"两高"解释（二）》第6条的规定，单位实施《刑法》第213条至第219条规定的行为，按照《最高人民法院、最高人民检察院关于办理侵犯知识产权刑事案件具体应用法律若干问题的解释》（以下简称为《"两高"解释》）和本解释规定的相应个人犯罪的定罪量刑标准定罪处罚。

结合最高人民法院、最高人民检察院、公安部公布的《关于办理侵犯知识产权刑事案件适用法律若干问题的意见》（法发〔2011〕3号，以下简称《知识产权刑事案件意见》）以及《"两高"解释》和《"两高"解释（二）》的规定，具体列举《刑法》第213条至第219条所规定的七个侵犯知

---

〔1〕 陈光中主编：《刑事诉讼法》（第2版），北京大学出版社、高等教育出版社2002年版，第1页。

识产权罪。

1. 假冒注册商标罪

根据《刑法》第213条的规定，未经注册商标所有人许可，在同一种商品上使用与其注册商标相同的商标，情节严重的，处3年以下有期徒刑或者拘役，并处或者单处罚金；情节特别严重的，处3年以上7年以下有期徒刑，并处罚金。

简而言之，假冒注册商标罪，是指未经注册商标所有人许可，在同一种商品上使用与其注册商标相同的商标，情节严重的行为。

根据《"两高"解释》第1条的规定，未经注册商标所有人许可，在同一种商品上使用与其注册商标相同的商标，具有下列情形之一的，属于《刑法》第213条规定的"情节严重"，应当以假冒注册商标罪判处3年以下有期徒刑或者拘役，并处或者单处罚金：①非法经营数额在5万元以上或者违法所得数额在3万元以上的；②假冒两种以上注册商标，非法经营数额在3万元以上或者违法所得数额在2万元以上的；③其他情节严重的情形。

具有下列情形之一的，属于《刑法》第213条规定的"情节特别严重"，应当以假冒注册商标罪判处3年以上7年以下有期徒刑，并处罚金：①非法经营数额在25万元以上或者违法所得数额在15万元以上的；②假冒两种以上注册商标，非法经营数额在15万元以上或者违法所得数额在10万元以上的；③其他情节特别严重的情形。

根据《"两高"解释》第8条的规定，《刑法》第213条中的"相同的商标"是指与被假冒的注册商标完全相同，或者与被假冒的注册商标在视觉上基本无差别、足以对公众产生误导的商标。《刑法》第213条规定的"使用"，是指将注册商标或者假冒的注册商标用于商品、商品包装或者容器以及产品说明书、商品交易文书，或者将注册商标或者假冒的注册商标用于广告宣传、展览以及其他商业活动等行为。

关于《刑法》第213条规定的"与其注册商标相同的商标"的认定问题，《关于办理侵犯知识产权刑事案件适用法律若干问题的意见》（以下简称为《知识产权刑事案件意见》）第6条作了更明确的规定，具有下列情形之一，可以认定为"与其注册商标相同的商标"：①改变注册商标的字体、字母大小写或者文字横竖排列，与注册商标之间仅有细微差别的；②改变注册商标的文字、字母、数字等之间的间距，不影响体现注册商标显著特征的；③改变注册商标颜色的；④其他与注册商标在视觉上基本无差别、足以对公众产生误导的商标。

另据《知识产权刑事案件意见》第5条的规定，名称相同的商品以及名称不同但指同一事物的商品，可以认定为"同一种商品"。"名称"是指国家工商行政管理总局商标局在商标注册工作中对商品使用的名称，通常即《商标注册用商品和服务国际分类》中规定的商品名称。"名称不同但指同一事物的商品"是指在功能、用途、主要原料、消费对象、销售渠道等方面相同或者基本相同，相关公众一般认为是同一种事物的商品。认定"同一种商品"，应当在权利人注册商标核定使用的商品和行为人实际生产销售的商品之间进行比较。

上述司法解释的规定，为人民法院适用《刑法》第213条提供了极具可操作性的标准。当然，人民法院在适用假冒注册商标罪时，还应充分考虑多种主客观因素，不宜机械地套用《"两高"解释》第1条的规定。例如，行为人虽然实施了未经注册商标所有人许可，在同一种商品上使用与其注册商标相同的商标，且违法所得数额在3万元以上，但是如果所述注册商标属于未实际投入商业使用的注册商标，那就不应当以假冒注册商标罪追究行为人的刑事责任，理由如下：

其一，如果被"假冒"的注册商标未实际投入商业使用，那就说明该注册商标在市场上的影响微乎其微，同时也说明行为人的所谓"假冒"行为对市场秩序的破坏作用极其轻微。由于假冒注册商标罪是破坏社会主义市场经济秩序罪中的一种犯罪，故适用假冒注册商标罪时，必须充分考虑涉嫌犯罪行为对市场秩序的破坏作用。在所谓"假冒"行为对市场秩序的破坏作用极其轻微的情况下，不宜认定该行为构成假冒注册商标罪。

其二，最高人民法院发布的《关于当前经济形势下知识产权审判服务大局若干问题的意见》（法发［2009］23号）第3条第（七）项就侵犯商标权的损害赔偿问题给出下述指导意见："……请求保护的注册商标未实际投入商业使用的，确定民事责任时可将责令停止侵权行为作为主要方式，在确定赔偿责任时可以酌情考虑未实际使用的事实，除为维权而支出的合理费用外，如果确无实际损失和其他损害，一般不根据被控侵权人的获利确定赔偿；注册人或者受让人并无实际使用意图，仅将注册商标作为索赔工具的，可以不予赔偿；注册商标已构成商标法规定的连续三年停止使用情形的，可以不支持其损害赔偿请求。"

虽然最高人民法院的上述指导意见所针对的是民事责任，而不是刑事责任，但是，从法理上说，刑事责任是比民事责任更重的法律责任，如果说就同一行为，其损害赔偿责任可显著减轻甚至免除，而仍然要承担刑事责任，这无疑是有违法理的。

此外，被假冒的注册商标还有可能被撤销、甚至被宣告无效，而被控涉嫌假冒注册商标的行为人也可能享有先用权，这些因素都是人民法院、人民检察院和公安机关在办理假冒注册商标以及销售假冒注册商标的商品和非法制造、销售非法制造的注册商标标识的刑事案件时需要认真考虑的。

2. 销售假冒注册商标的商品罪

根据《刑法》第214条的规定，销售明知是假冒注册商标的商品，销售金额数额较大的，处3年以下有期徒刑或者拘役，并处或者单处罚金；销售金额数额巨大的，处3年以上7年以下有期徒刑，并处罚金。简而言之，销售假冒注册商标的商品罪，是指销售明知是假冒注册商标的商品，销售金额数额较大的行为。

关于《刑法》第214条中的"数额较大"的认定问题，根据《"两高"解释》第2条的规定，销售明知是假冒注册商标的商品，销售金额在5万元以上的，属于《刑法》第214条规定的"数额较大"，应当以销售假冒注册商标的商品罪判处3年以下有期徒刑或者拘役，并处或者单处罚金。销售金额在25万元以上的，属于《刑法》第214条规定的"数额巨大"，应当以销售假冒注册商标的商品罪判处3年以上7年以下有期徒刑，并处罚金。

关于销售假冒注册商标的商品犯罪案件中尚未销售或者部分销售情形的定罪量刑问题，根据《知识产权刑事案件意见》第8条的规定，销售明知是假冒注册商标的商品，具有下列情形之一的，依照《刑法》第214条的规定，以销售假冒注册商标的商品罪（未遂）定罪处罚：①假冒注册商标的商品尚未销售，货值金额在15万元以上的；②假冒注册商标的商品部分销售，已销售金额不满5万元，但与尚未销售的假冒注册商标的商品的货值金额合计在15万元以上的。

假冒注册商标的商品尚未销售，货值金额分别达到15万元以上不满25万元、25万元以上的，分别依照《刑法》第214条规定的各法定刑幅度定罪处罚。

销售金额和未销售货值金额分别达到不同的法定刑幅度或者均达到同一

法定刑幅度的，在处罚较重的法定刑或者同一法定刑幅度内酌情从重处罚。

3. 非法制造、销售非法制造的注册商标标识罪

根据《刑法》第215条的规定，伪造、擅自制造他人注册商标标识或者销售伪造、擅自制造的注册商标标识，情节严重的，处3年以下有期徒刑、拘役或者管制，并处或者单处罚金；情节特别严重的，处3年以上7年以下有期徒刑，并处罚金。该法条所规定的便是非法制造、销售非法制造的注册商标标识罪。

非法制造、销售非法制造的注册商标标识罪是一个选择性罪名，具体定罪时，可以根据犯罪行为选用非法制造注册商标标识罪或者销售非法制造的注册商标标识罪。简而言之，非法制造、销售非法制造的注册商标标识罪，是指伪造、擅自制造他人注册商标标识或者销售伪造、擅自制造的注册商标标识，情节严重的行为。

从以往工商行政管理部门查处"伪造注册商标标识"与"擅自制造注册商标标识"的执法活动看，"伪造注册商标标识"与"擅自制造注册商标标识"本质上都是未经商标注册人许可制造其注册商标标识，不同的是，"擅自制造注册商标标识"的行为人与商标注册人之间存在制造商标标识的委托合同关系。但是，行为人在履行合同的过程中，故意超出合同约定的数量范围制造商标标识，就超范围制造的这一部分商标标识而言，实质上仍然是未经商标注册人许可制造的注册商标标识。而"伪造注册商标标识"，则纯粹是未经商标注册人许可制造其注册商标标识。所谓商标标识，是指商标的载体，例如，印制有商标的铭牌、瓶贴等。

非法制造注册商标标识罪与假冒注册商标罪的区别在于，前者是未经商标注册人许可，制造了商标注册人的注册商标标识，但并未将所述注册商标标识用在注册商标所核定使用的商品上，而后者则是将他人的注册商标标识用在注册商标所核定使用的商品上。如果行为人既非法制造注册商标标识、又将其非法制造注册商标标识用在核定使用的商标品上，则两个行为之间构成牵连关系，如果构成犯罪的话，应以假冒注册商标罪定罪量刑。如果非法制造注册商标标识的行为人与假冒注册商标的行为人之间存在共同的犯罪故意，两者的关系是分工合作的关系，则在构成犯罪的情况下，应以假冒注册商标罪的共犯处罚。

一般说来，行为人非法制造注册商标标识的目的是要将其非法制造的注

册商标标识销售给他人，以获取非法利益。但无论是根据《商标法》第 57 条的规定，还是根据《刑法》第 215 条的规定，即使行为人并未将其非法制造注册的商标标识实际销售给他人，也要承担相应的法律责任，甚至刑事责任。

针对《刑法》第 215 条中的"情节严重"和"其他情节严重"的认定问题，根据《"两高"解释》第 3 条的规定，伪造、擅自制造他人注册商标标识或者销售伪造、擅自制造的注册商标标识，具有下列情形之一的，属于《刑法》第 215 条规定的"情节严重"，应当以非法制造、销售非法制造的注册商标标识罪判处 3 年以下有期徒刑、拘役或者管制，并处或者单处罚金：①伪造、擅自制造或者销售伪造、擅自制造的注册商标标识数量在 2 万件以上，或者非法经营数额在 5 万元以上，或者违法所得数额在 3 万元以上的；②伪造、擅自制造或者销售伪造、擅自制造两种以上注册商标标识数量在 1 万件以上，或者非法经营数额在 3 万元以上，或者违法所得数额在 2 万元以上的；③其他情节严重的情形。

具有下列情形之一的，属于《刑法》第 215 条规定的"情节特别严重"，应当以非法制造、销售非法制造的注册商标标识罪判处 3 年以上 7 年以下有期徒刑，并处罚金：①伪造、擅自制造或者销售伪造、擅自制造的注册商标标识数量在 10 万件以上，或者非法经营数额在 25 万元以上，或者违法所得数额在 15 万元以上的；②伪造、擅自制造或者销售伪造、擅自制造两种以上注册商标标识数量在 5 万件以上，或者非法经营数额在 15 万元以上，或者违法所得数额在 10 万元以上的；③其他情节特别严重的情形。

关于销售他人非法制造的注册商标标识犯罪案件中尚未销售或者部分销售情形的定罪问题，根据《知识产权刑事案件意见》第 9 条的规定，销售他人伪造、擅自制造的注册商标标识，具有下列情形之一的，依照《刑法》第 215 条的规定，以销售非法制造的注册商标标识罪（未遂）定罪处罚：①尚未销售他人伪造、擅自制造的注册商标标识数量在 6 万件以上的；②尚未销售他人伪造、擅自制造的两种以上注册商标标识数量在 3 万件以上的；③部分销售他人伪造、擅自制造的注册商标标识，已销售标识数量不满 2 万件，但与尚未销售标识数量合计在 6 万件以上的；④部分销售他人伪造、擅自制造的两种以上注册商标标识，已销售标识数量不满 1 万件，但与尚未销售标识数量合计在 3 万件以上的。

4. 假冒专利罪

根据《刑法》第216条的规定，假冒他人专利，情节严重的，处3年以下有期徒刑或者拘役，并处或者单处罚金。简而言之，假冒专利罪，是指假冒他人专利，情节严重的行为。

根据《"两高"解释》第4条的规定，假冒他人专利，具有下列情形之一的，属于《刑法》第216条规定的"情节严重"，应当以假冒专利罪判处3年以下有期徒刑或者拘役，并处或者单处罚金：①非法经营数额在20万元以上或者违法所得数额在10万元以上的；②给专利权人造成直接经济损失50万元以上的；③假冒两项以上他人专利，非法经营数额在10万元以上或者违法所得数额在5万元以上的；④其他情节严重的情形。

另据《"两高"解释》第10条的规定，实施下列行为之一的，属于《刑法》第216条规定的"假冒他人专利"的行为：①未经许可，在其制造或者销售的产品、产品的包装上标注他人专利号的；②未经许可，在广告或者其他宣传材料中使用他人的专利号，使人将所涉及的技术误认为是他人专利技术的；③未经许可，在合同中使用他人的专利号，使人将合同涉及的技术误认为是他人专利技术的；④伪造或者变造他人的专利证书、专利文件或者专利申请文件的。

《"两高"解释》第10条的规定廓清了假冒他人专利行为与未经专利权人许可实施其专利的侵权行为之间的界限，而《"两高"解释》第4条则量化了"情节严重"的判断标准，有助于司法机关正确适用《刑法》第216条的规定，避免错误地以假冒专利罪追究专利侵权行为人的刑事责任。专利侵权行为（未经专利权人许可，实施其专利的行为）与假冒专利行为是两种性质完全不同的违法行为。通俗地说，专利侵权行为是实实在在地使用了落入专利保护范围的技术方案或外观设计，而假冒专利行为则是在名义上打着"专利产品"或"专利方法"的幌子误导公众，而实质上根本就不是专利产品、专利方法。此外，有可能构成犯罪的假冒专利行为必然是侵权行为，其直接侵犯了他人（专利权人）依法享有的"专利标记权"，假冒专利行为也可能不构成侵权行为，当然也不构成犯罪，但仍然是违反行为，例如，在伪造的专利证书上使用虚构的、根本就不存在的专利号，这种行为就不涉及他人的"专利标记权"，也不构成犯罪，但会受到专利行政执法部门的处罚。

5. 侵犯著作权罪

根据《刑法》第 217 条的规定，以营利为目的，有下列侵犯著作权情形之一，违法所得数额较大或者有其他严重情节的，处 3 年以下有期徒刑或者拘役，并处或者单处罚金；违法所得数额巨大或者有其他特别严重情节的，处 3 年以上 7 年以下有期徒刑，并处罚金：①未经著作权人许可，复制发行其文字作品、音乐、电影、电视、录像作品、计算机软件及其他作品的；②出版他人享有专有出版权的图书的；③未经录音录像制作者许可，复制发行其制作的录音录像的；④制作、出售假冒他人署名的美术作品的。

简而言之，侵犯著作权罪，是指以营利为目的，侵犯他人的著作权，违法所得数额较大或者有其他严重情节的行为。

根据《"两高"解释》第 5 条的规定，以营利为目的，实施《刑法》第 217 条所列侵犯著作权行为之一，违法所得数额在 3 万元以上的，属于"违法所得数额较大"；违法所得数额在 15 万元以上的，属于"违法所得数额巨大"。另外，根据《"两高"解释（二）》第 1 条的规定，以营利为目的，未经著作权人许可，复制发行其文字作品、音乐、电影、电视、录像作品、计算机软件及其他作品，复制品数量合计在 500 张（份）以上的，属于《刑法》第 217 条规定的"有其他严重情节"；复制品数量在 2500 张（份）以上的，属于《刑法》第 217 条规定的"有其他特别严重情节"。

关于侵犯著作权犯罪案件"以营利为目的"的认定问题，根据《知识产权刑事案件意见》第 10 条的规定，除销售外，具有下列情形之一的，可以认定为"以营利为目的"：①以在他人作品中刊登收费广告、捆绑第三方作品等方式直接或者间接收取费用的；②通过信息网络传播他人作品，或者利用他人上传的侵权作品，在网站或者网页上提供刊登收费广告服务，直接或者间接收取费用的；③以会员制方式通过信息网络传播他人作品，收取会员注册费或者其他费用的；④其他利用他人作品牟利的情形。

关于侵犯著作权犯罪案件"未经著作权人许可"的认定问题，根据《知识产权刑事案件意见》第 11 条的规定，"未经著作权人许可"一般应当依据著作权人或者其授权的代理人、著作权集体管理组织、国家著作权行政管理部门指定的著作权认证机构出具的涉案作品版权认证文书，或者证明出版者、复制发行者伪造、涂改授权许可文件或者超出授权许可范围的证据，结合其他证据综合予以认定。在涉案作品种类众多且权利人分散的案件中，上述证据确实难以一一取得，但有证据证明涉案复制品系非法出版、复制发行的，且出版者、复制发行者不能提供获得著作权人许可的相关证明材料的，可以认定为"未经著作权人许可"。但是，有证据证明权利人放弃权利、涉案作品的著作权不受我国著作权法保护，或者著作权保护期限已经届满的除外。

另据《知识产权刑事案件意见》第13条的规定，以营利为目的，未经著作权人许可，通过信息网络向公众传播他人文字作品、音乐、电影、电视、美术、摄影、录像作品、录音录像制品、计算机软件及其他作品，具有下列情形之一的，属于《刑法》第217条规定的"其他严重情节"：①非法经营数额在5万元以上的；②传播他人作品的数量合计在500件（部）以上的；③传播他人作品的实际被点击数达到5万次以上的；④以会员制方式传播他人作品，注册会员达到1000人以上的；⑤数额或者数量虽未达到第①项至第④项规定标准，但分别达到其中两项以上标准一半以上的；⑥其他严重情节的情形。

实施前款规定的行为，数额或者数量达到前款第①项至第⑤项规定标准5倍以上的，属于《刑法》第217条规定的"其他特别严重情节"。

另外，关于《刑法》第217条侵犯著作权罪中的"复制发行"的认定问题，根据《"两高"解释（二）》第2条的规定，《刑法》第217条侵犯著作权罪中的"复制发行"，包括复制、发行或者既复制又发行的行为。侵权产品的持有人通过广告、征订等方式推销侵权产品的，属于《刑法》第217条规定的"发行"。非法出版、复制、发行他人作品，侵犯著作权构成犯罪的，按照侵犯著作权罪定罪处罚。

需要特别说明的是，《"两高"解释（二）》第2条规定，《刑法》第217条侵犯著作权罪中的"复制发行"，包括复制、发行或者既复制又发行的行为，这一规定值得商榷。理由如下：

根据《著作权法》第10条的规定，销售作品复制件（复制品）本身就是发行的一种具体表现形式，而通过广告、征订等方式推销侵权产品（侵权复制品）也是销售的一种惯用手段，由于《刑法》第218条规定了销售侵权复制品罪，因此，对于单纯销售侵权复制品、构成犯罪的行为，应以销售侵权复制品罪定罪量刑。

至于怎样正确理解《刑法》第217条中的"复制发行"，本书认为，合理的解释是：包括复制和既复制又发行两种行为。

6. 销售侵权复制品罪

根据《刑法》第218条的规定，以营利为目的，销售明知是本法第217条规定的侵权复制品，违法所得数额巨大的，处3年以下有期徒刑或者拘役，并处或者单处罚金。简而言之，销售侵权复制品罪，是指以营利为目的，销售侵权复制品，违法所得数额巨大的行为。

另据《"两高"解释》第6条的规定，以营利为目的，实施《刑法》第218条规定的行为，违法所得数额在10万元以上的，属于"违法所得数额巨大"，应当以销售侵权复制品罪判处3年以下有期徒刑或者拘役，并处或者单处罚金。

7. 侵犯商业秘密罪

根据《刑法》第219条的规定，有下列侵犯商业秘密行为之一，给商业秘密的权利人造成重大损失的，处3年以下有期徒刑或者拘役，并处或者单处罚金；造成特别严重后果的，处3年以上7年以下有期徒刑，并处罚金：①以盗窃、利诱、胁迫或者其他不正当手段获取权利人的商业秘密的；②披露、使用或者允许他人使用以前项手段获取的权利人的商业秘密的；③违反约定或者违反权利人有关保守商业秘密的要求，披露、使用或者允许他人使用其所掌握的商业秘密的。

明知或者应知前款所列行为，获取、使用或者披露他人的商业秘密的，以侵犯商业秘密论。

本条所称商业秘密，是指不为公众所知悉，能为权利人带来经济利益，具有实用性并经权利人采取保密措施的技术信息和经营信息。

本条所称权利人，是指商业秘密的所有人和经商业秘密所有人许可的商业秘密使用人。

简而言之，侵犯商业秘密罪，是指故意侵犯商业秘密，给商业秘密的权利人造成重大损失的行为。

另据《"两高"解释》第7条的规定，实施《刑法》第219条规定的行为之一，给商业秘密的权利人造成损失数额在50万元以上的，属于"给商业秘密的权利人造成重大损失"，应当以侵犯商业秘密罪判处3年以下有期徒刑或者拘役，并处或者单处罚金。给商业秘密的权利人造成损失数额在250万元以上的，属于《刑法》第219条规定的"造成特别严重后果"，应当以侵犯商业秘密罪判处3年以上7年以下有期徒刑，并处罚金。

《"两高"解释》第7条的规定量化了《刑法》第219条中的"造成重大损失"和"造成特别严重后果"这两个定罪量刑情节的判断标准，在一定程度上有利于司法机关正确适用《刑法》第219条的规定。然而，在司法实践中，给商业秘密的权利人造成损失的数额实际上是很难客观认定的。有的司法机关为了客观认定侵权行为给商业秘密的权利人所造成的损失数额，委托权威的资产评估机构对涉案商业秘密进行价值评估，并以此为依据确定损失数额。这种方法有一定的合理性，但也有缺陷：其一，由于不存在公开透明的商业秘密交易市场，即便是权威的资产评估机构，其所评估的商业秘密价值也未必客观；其二，即便商业秘密的评估价值是客观的，也不能简单地依据商业秘密的评估价值确定权利人的损失，更不能将商业秘密的评估价值与权利人的损失画上等号，除非侵权行为直接导致涉案商业秘密被公开。

（二）侵犯知识产权罪的共性

虽然犯罪行为各异，但七种侵犯知识产权罪也有共性。七种侵犯知识产权罪的共性主要表现在以下两个方面：

其一，七种侵犯知识产权罪都是故意犯罪。《刑法》第15条第2款规定：过失犯罪，法律有规定的才负刑事责任。结合《刑法》第3条所规定的罪刑法定原则，可以认为，刑法分则条文所规定的具体犯罪的构成要件中，如果没有出现"过失"或者类似的表述，则该具体犯罪的主观方面要件是故意。通常，刑法分则是以"过失犯前款罪的……"的行文方式规定过失犯罪的刑事责任。由于《刑法》第213条至第219条中的任何一个条文中均未出现诸如"过失犯前款罪的……"之类的表述，并且任何一个条文均未使用"过失"或类似用语对犯罪行为进行限定，因此，七种侵犯知识产权罪毫无疑义地属于故意犯罪。

其二，七种侵犯知识产权的犯罪行为同时也是需要承担民事责任的侵权行为，并且与一般的仅需承担民事责任的侵权行为相比，侵犯知识产权的犯罪行为的社会危害性更大。因此，如果某种行为虽然从外在的表现形式看，似乎与《刑法》第213条至第219条中的某个条文以及《知识产权刑事案件意见》《"两高"解释》和《"两高"解释（二）》的规定相吻合，但是，如果该行为并不构成民事侵权的话，就不应将该行为认定为侵犯知识产权的犯罪行为。

值得注意的是，根据《知识产权刑事案件意见》第15条的规定，明知他人实施侵犯知识产权犯罪，而为其提供生产、制造侵权产品的主要原材料、辅助材料、半成品、包装材料、机械设备、标签标识、生产技术、配方等帮助，或者提供互联网接入、服务器托管、网络存储空间、通讯传输通道、代收费、费用结算等服务的，以侵犯知识产权犯罪的共犯论处。另据《知识产权刑事案件意见》第 16 条的规定，行为人实施侵犯知识产权犯罪，同时构成生产、销售伪劣商品犯罪的，依照侵犯知识产权犯罪与生产、销售伪劣商品犯罪中处罚较重的规定定罪处罚。

（三）知识产权刑事案件的当事人

知识产权刑事案件包括自诉案件和公诉案件。知识产权刑事自诉案件的当事人包括自诉人和被告人，自诉人是有证据证明其享有的知识产权受到他人侵害的人，亦即被害人；被告人是自诉人是有证据证明其实施了《刑法》第 213 条至第 219 条所规定的犯罪行为之一，且尚未达到造成特别严重后果、情节特别严重或者违法所得数额巨大之程度的犯罪嫌疑人。知识产权刑事公诉案件的当事人包括被告人和被害人，被告人是公诉人有证据证明其实施了《刑法》第 213 条至第 219 条所规定的犯罪行为之一的犯罪嫌疑人，被害人是其享有的知识产权受到被告人侵害的人。另外，仅就《刑事诉讼法》第 101 条的规定而言，无论是自诉案件，还是公诉案件，被害人都可以作为原告，以犯罪嫌疑人为被告，向人民法院提起刑事附带民事诉讼。然而，为数不少的对侵犯知识产权的第一审刑事案件有管辖权的基层人民法院，对侵犯知识产权的第一审民事案件没有管辖权，这就使得同一侵权行为所引发的第一审民事案件和第一审刑事案件有可能分别由审级不同的人民法院管辖。

第二章 Chapter 2
知识产权诉讼管辖

诉讼管辖，亦即审判管辖，是指各级人民法院之间、同级人民法院之间、普通人民法院与专门法院之间以及各专门法院之间受理第一审案件的权限划分。知识产权诉讼管辖是法院受理知识产权诉讼案件的权限分工。知识产权诉讼管辖包括知识产权民事案件的管辖、知识产权行政案件的管辖和知识产权刑事案件的管辖。

知识产权民事案件的管辖，需要将《民事诉讼法》以及《最高人民法院关于适用〈中华人民共和国民事诉讼法〉的解释》（以下简称为《民事诉讼法解释》）等司法解释中的一般规定和《全国人民代表大会常务委员会关于在北京、上海、广州设立知识产权法院的决定》（以下简称为《设立知识产权法院的决定》）等特别法以及最高人民法院的相关司法解释针对知识产权案件管辖所作的特别规定结合起来才能确定。

与知识产权民事案件的管辖类似，知识产权行政案件的管辖，需要将《行政诉讼法》以及《最高人法院关于适用〈中华人民共和国行政诉讼法〉的解释》（以下简称为《行政诉讼法解释》）等司法解释中的一般规定和《设立知识产权法院的决定》以及最高人民法院的相关司法解释针对知识产权案件管辖所作的特别规定结合起来才能确定。

与知识产权民事案件、行政案件的管辖不同，知识产权刑事案件的管辖主要依据刑事诉讼法及其司法解释的规定确定，现行知识产权法律以及最高人民法院针对知识产权法律的适用问题所作的相关司法解释，均未就知识产权刑事案件的管辖问题作出特别规定。

由于民事诉讼法、行政诉讼法关于管辖的一般规定仍然是确定知识产权民事、行政案件管辖的重要依据，故本章先分别介绍民事诉讼法、行政诉讼法关于管辖的一般规定，至于民事诉讼法、行政诉讼法中关于管辖的一些仅适用于其他特定类型的案件、明显与知识产权案件无关的特别规定，则不予介绍。

一、民事诉讼法关于管辖的一般规定

（一）级别管辖

民事诉讼的级别管辖是各级人民法院之间受理第一审民事案件的权限分工。根据《民事诉讼法》第17条的规定，基层人民法院管辖第一审民事案件，但民事诉讼法另有规定的除外。

根据《民事诉讼法》第18条的规定，中级人民法院管辖下列第一审民事案件：①重大涉外案件；②在本辖区有重大影响的案件；③最高人民法院确定由中级人民法院管辖的案件。

另外，根据《民事诉讼法解释》第1条的规定，《民事诉讼法》第18条第（一）项规定的重大涉外案件，包括争议标的额大的案件、案情复杂的案件，或者一方当事人人数众多等具有重大影响的案件。

另外，根据《民事诉讼法解释》第2条的规定，专利纠纷案件由知识产权法院、最高人民法院确定的中级人民法院和基层人民法院管辖。

根据《民事诉讼法》第19条的规定，高级人民法院管辖在本辖区有重大影响的第一审民事案件。

根据《民事诉讼法》第20条的规定，最高人民法院管辖下列第一审民事案件：①在全国有重大影响的案件；②认为应当由本院审理的案件。

综合考虑各级人民法院受理第一审民事案件的司法实践和《最高人民法院关于调整高级人民法院和中级人民法院管辖第一审民商事案件标准的通知》（法发〔2015〕7号）的规定，可知，上述法条中的"重大影响的案件"的主要量化标准是诉讼标的额。

（二）地域管辖

地域管辖是同级人民法院之间受理第一审民事案件的权限分工，包括一般地域管辖和特殊地域管辖。

1. 一般地域管辖

一般地域管辖，是指以当事人的住所地为标准，住所地与经常居住地不

一致的，则以经常居住地为标准，确定管辖法院。关于一般地域管辖，《民事诉讼法》第 21 条规定："对公民提起的民事诉讼，由被告住所地人民法院管辖；被告住所地与经常居住地不一致的，由经常居住地人民法院管辖。对法人或者其他组织提起的民事诉讼，由被告住所地人民法院管辖。同一诉讼的几个被告住所地、经常居住地在两个以上人民法院辖区的，各该人民法院都有管辖权。"

根据《民事诉讼法解释》第 3 条的规定，公民的住所地是指公民的户籍所在地，法人或者其他组织的住所地是指法人或者其他组织的主要办事机构所在地。法人或者其他组织的主要办事机构所在地不能确定的，法人或者其他组织的注册地或者登记地为住所地。

根据《民事诉讼法解释》第 4 条的规定，公民的经常居住地是指公民离开住所地至起诉时已连续居住一年以上的地方，但公民住院就医的地方除外。

根据《民事诉讼法解释》第 5 条的规定，对没有办事机构的个人合伙、合伙型联营体提起的诉讼，由被告注册登记地人民法院管辖。没有注册登记，几个被告又不在同一辖区的，被告住所地的人民法院都有管辖权。

根据《民事诉讼法解释》第 7 条的规定，当事人的户籍迁出后尚未落户，有经常居住地的，由该地人民法院管辖；没有经常居住地的，由其原户籍所在地人民法院管辖。

《民事诉讼法》第 21 条确立了由被告住所地或经常居住地管辖的一般地域管辖原则，通俗地说，就是原告就被告。但是，民事诉讼法对一般地域管辖也有例外规定，亦即由原告住所地或经常居住地管辖。根据《民事诉讼法》第 22 条的规定，下列民事诉讼，由原告住所地人民法院管辖；原告住所地与经常居住地不一致的，由原告经常居住地人民法院管辖：①对不在中华人民共和国领域内居住的人提起的有关身份关系的诉讼；②对下落不明或者宣告失踪的人提起的有关身份关系的诉讼；③对被采取强制性教育措施的人提起的诉讼；④对被监禁的人提起的诉讼。

2. 特殊地域管辖

特殊地域管辖是指以诉讼标的（物）或者被告住所地为标准确定管辖法院。从法院受理案件的权限角度看，特殊地域管辖属于共同管辖，从当事人（原告）有选择地向法院起诉的角度看，特殊地域管辖属于选择管辖。《民事诉讼法》第 23 条至第 32 条规定了十类民事纠纷的地域管辖，均属于特殊地域管辖，其中，下列两类民事纠纷的地域管辖规定涉及知识产权的可能性较大：

其一，合同纠纷——不包括保险合同以及铁路、公路、水上、航空运输和联合运输合同——的地域管辖。针对合同纠纷的地域管辖，《民事诉讼法》第23条规定："因合同纠纷提起的诉讼，由被告住所地或者合同履行地人民法院管辖"。

针对合同履行地的认定问题，《民事诉讼法解释》第18条规定："合同约定履行地点的，以约定的履行地点为合同履行地。合同对履行地点没有约定或者约定不明确，争议标的为给付货币的，接受货币一方所在地为合同履行地；交付不动产的，不动产所在地为合同履行地；其他标的，履行义务一方所在地为合同履行地。即时结清的合同，交易行为地为合同履行地。合同没有实际履行，当事人双方住所地都不在合同约定的履行地的，由被告住所地人民法院管辖"。

针对以信息网络方式订立的买卖合同的履行地的认定问题，《民事诉讼法解释》第20条规定："以信息网络方式订立的买卖合同，通过信息网络交付标的的，以买受人住所地为合同履行地；通过其他方式交付标的的，收货地为合同履行地。合同对履行地有约定的，从其约定"。

其二，侵权纠纷的地域管辖。针对侵权纠纷的地域管辖，《民事诉讼法》第28条规定："因侵权行为提起的诉讼，由侵权行为地或者被告住所地人民法院管辖"。

根据《民事诉讼法解释》第24条的规定，《民事诉讼法》第28条规定的侵权行为地，包括侵权行为实施地、侵权结果发生地。

根据《民事诉讼法解释》第25条的规定，信息网络侵权行为实施地包括实施被诉侵权行为的计算机等信息设备所在地，侵权结果发生地包括被侵权人住所地。

（三）协议管辖

协议管辖，是指在不违反法律有关级别管辖和专属管辖规定的前提下，财产权益纠纷的当事人以书面协议约定管辖法院。

根据《民事诉讼法》第34条的规定，合同或者其他财产权益纠纷的当事人可以书面协议选择被告住所地、合同履行地、合同签订地、原告住所地、标的物所在地等与争议有实际联系的地点的人民法院管辖，但不得违反本法对级别管辖和专属管辖的规定。

另据《民事诉讼法解释》第 30 条的规定，根据管辖协议，起诉时能够确定管辖法院的，从其约定；不能确定的，依照民事诉讼法的相关规定确定管辖。管辖协议约定两个以上与争议有实际联系的地点的人民法院管辖，原告可以向其中一个人民法院起诉。

另据《民事诉讼法解释》第 32 条的规定，管辖协议约定由一方当事人住所地人民法院管辖，协议签订后当事人住所地变更的，由签订管辖协议时的住所地人民法院管辖，但当事人另有约定的除外。

（四）专属管辖

专属管辖，是指某些类型的民事案件排除一般地域管辖、特殊地域管辖和协议管辖的适用，而是专门由特定的法院管辖。

根据《民事诉讼法》第 33 条的规定，下列案件，由本条规定的人民法院专属管辖：①因不动产纠纷提起的诉讼，由不动产所在地人民法院管辖；②因港口作业中发生纠纷提起的诉讼，由港口所在地人民法院管辖；③因继承遗产纠纷提起的诉讼，由被继承人死亡时住所地或者主要遗产所在地人民法院管辖。

（五）共同管辖与选择管辖

共同管辖，是指两个以上人民法院依法对同一案件都有管辖权的情形。选择管辖，是指在两个以上人民法院依法对同一案件都有管辖权的情况下，原告可以选择其中的一个法院为管辖法院。

根据《民事诉讼法》第 35 条的规定，两个以上人民法院都有管辖权的诉讼，原告可以向其中一个人民法院起诉；原告向两个以上有管辖权的人民法院起诉的，由最先立案的人民法院管辖。

另据《民事诉讼法解释》第 36 条的规定，两个以上人民法院都有管辖权的诉讼，先立案的人民法院不得将案件移送给另一个有管辖权的人民法院。人民法院在立案前发现其他有管辖权的人民法院已先立案的，不得重复立案；立案后发现其他有管辖权的人民法院已先立案的，裁定将案件移送给先立案的人民法院。

（六）移送管辖

移送管辖，是指对已受理的案件没有管辖权的法院将该案件移送给有管辖权的人民法院。根据《民事诉讼法》第 36 条的规定，人民法院发现受理的案件不属于本院管辖的，应当移送有管辖权的人民法院，受移送的人民法院应当受理。受移送的人民法院认为受移送的案件依照规定不属于本院管辖的，应当报请上级人民法院指定管辖，不得再自行移送。

（七）指定管辖

指定管辖，是指上级法院依法指定其辖区内的下级法院对第一审民事案件行使管辖权。根据《民事诉讼法》第37条的规定，有管辖权的人民法院由于特殊原因，不能行使管辖权的，由上级人民法院指定管辖。人民法院之间因管辖权发生争议，由争议双方协商解决；协商解决不了的，报请它们的共同上级人民法院指定管辖。

（八）管辖权转移

管辖权转移，是指经上级法院决定或批准，下级法院将第一审民事案件移交给上级法院审理，或者由上级法院将第一审民事案件移交给下级法院审理。

根据《民事诉讼法》第38条的规定，上级人民法院有权审理下级人民法院管辖的第一审民事案件；确有必要将本院管辖的第一审民事案件交下级人民法院审理的，应当报请其上级人民法院批准。下级人民法院对它所管辖的第一审民事案件，认为需要由上级人民法院审理的，可以报请上级人民法院审理。

（九）管辖权异议

管辖权异议，是指法院受理案件后，被告所提出的、受理案件的法院对该案无管辖权的主张。

根据《民事诉讼法》第127条第1款的规定，人民法院受理案件后，当事人对管辖权有异议的，应当在提交答辩状期间提出。人民法院对当事人提出的异议，应当审查。异议成立的，裁定将案件移送有管辖权的人民法院；异议不成立的，裁定驳回。

（十）应诉管辖

应诉管辖，是指原本对案件没有管辖权、但不违反级别管辖和专属管辖规定的法院受理案件后，如果当事人（被告）未提出管辖异议，并应诉答辩，则该法院对案件有管辖权。根据《民事诉讼法》第127条第2款的规定，人民法院受理案件后，当事人未提出管辖异议，并应诉答辩的，视为受诉人民法院有管辖权，但违反级别管辖和专属管辖规定的除外。

二、行政诉讼法关于管辖的一般规定

（一）级别管辖

根据《行政诉讼法》第 14 条的规定，基层人民法院管辖第一审行政案件。

另据《行政诉讼法解释》第 3 条的规定，各级人民法院行政审判庭审理行政案件和审查行政机关申请执行其行政行为的案件。专门人民法院、人民法庭不审理行政案件，也不审查和执行行政机关申请执行其行政行为的案件。铁路运输法院等专门人民法院审理行政案件，应当执行《行政诉讼法》第 18 条第 2 款的规定。

根据《行政诉讼法》第 15 条的规定，中级人民法院管辖下列第一审行政案件：①对国务院部门或者县级以上地方人民政府所作的行政行为提起诉讼的案件；②海关处理的案件；③本辖区内重大、复杂的案件；④其他法律规定由中级人民法院管辖的案件。

另据《行政诉讼法解释》第 5 条的规定，有下列情形之一的，属于《行政诉讼法》第 15 条第（三）项规定的"本辖区内重大、复杂的案件"：①社会影响重大的共同诉讼案件；②涉外或者涉及香港特别行政区、澳门特别行政区、台湾地区的案件；③其他重大、复杂案件。

根据《行政诉讼法》第 16 条的规定，高级人民法院管辖本辖区内重大、复杂的第一审行政案件。

根据《行政诉讼法》第 17 条的规定，最高人民法院管辖全国范围内重大、复杂的第一审行政案件。

（二）地域管辖

1. 一般地域管辖

根据《行政诉讼法》第 18 条第 1 款的规定，行政案件由最初作出行政行为的行政机关所在地人民法院管辖。经复议的案件，也可以由复议机关所在地人民法院管辖。

2. 跨行政区域管辖

根据《行政诉讼法》第 18 条第 2 款的规定，经最高人民法院批准，高级人民法院可以根据审判工作的实际情况，确定若干人民法院跨行政区域管辖行政案件。

（三）选择管辖

根据《行政诉讼法》第 21 条的规定，两个以上人民法院都有管辖权的案件，原告可以选择其中一个人民法院提起诉讼。原告向两个以上有管辖权的人民法院提起诉讼的，由最先立案的人民法院管辖。

（四）移送管辖、指定管辖与管辖权争议

根据《行政诉讼法》第 22 条的规定，人民法院发现受理的案件不属于本院管辖的，应当移送有管辖权的人民法院，受移送的人民法院应当受理。受移送的人民法院认为受移送的案件按照规定不属于本院管辖的，应当报请上级人民法院指定管辖，不得再自行移送。

根据《行政诉讼法》第 23 条的规定，有管辖权的人民法院由于特殊原因不能行使管辖权的，由上级人民法院指定管辖。人民法院对管辖权发生争议，由争议双方协商解决。协商不成的，报它们的共同上级人民法院指定管辖。

另据《行政诉讼法》第 52 条的规定，人民法院既不立案，又不作出不予立案裁定的，当事人可以向上一级人民法院起诉。上一级人民法院认为符合起诉条件的，应当立案、审理，也可以指定其他下级人民法院立案、审理。

另据《行政诉讼法解释》第 6 条的规定，当事人以案件重大复杂为由，认为有管辖权的基层人民法院不宜行使管辖权或者根据《行政诉讼法》第 52 条的规定，向中级人民法院起诉，中级人民法院应当根据不同情况在 7 日内分别作出以下处理：①决定自行审理；②指定本辖区其他基层人民法院管辖；③书面告知当事人向有管辖权的基层人民法院起诉。

另据《行政诉讼法解释》第 7 条的规定，基层人民法院对其管辖的第一审行政案件，认为需要由中级人民法院审理或者指定管辖的，可以报请中级人民法院决定。中级人民法院应当根据不同情况在 7 日内分别作出以下处理：①决定自行审理；②指定本辖区其他基层人民法院管辖；③决定由报请的人民法院审理。

三、知识产权民事、行政案件的管辖

由于《设立知识产权法院的决定》以及最高人民法院的相关司法解释针对知识产权诉讼管辖的规定既适用于知识产权民事案件，又适用于知识产权行政案件，故本章统一介绍知识产权民事、行政案件的管辖。

(一)《设立知识产权法院的决定》和相关解释的规定

根据《设立知识产权法院的决定》第 1 条的规定，在北京、上海、广州设立知识产权法院，亦即北京知识产权法院、上海知识产权法院和广州知识产权法院。

根据《设立知识产权法院的决定》第 2 条的规定，知识产权法院管辖有关专利、植物新品种、集成电路布图设计、技术秘密等专业技术性较强的第一审知识产权民事和行政案件。不服国务院行政部门裁定或者决定而提起的第一审知识产权授权确权行政案件，由北京知识产权法院管辖。知识产权法院对有关专利、植物新品种、集成电路布图设计、技术秘密等专业技术性较强的第一审知识产权民事和行政案件实行跨区域管辖。在知识产权法院设立的 3 年内，可以先在所在省（直辖市）实行跨区域管辖。

根据《设立知识产权法院的决定》第 3 条的规定，知识产权法院所在市的基层人民法院第一审著作权、商标等知识产权民事和行政判决、裁定的上诉案件，由知识产权法院审理。第 4 条规定，知识产权法院第一审判决、裁定的上诉案件，由知识产权法院所在地的高级人民法院审理。

作为全国人大常委会通过的特别法律，《设立知识产权法院的决定》为北京知识产权法院、上海知识产权法院和广州知识产权法院的民事、行政案件管辖权提供了基本法律依据。在《设立知识产权法院的决定》所规定的管辖权的基础上，最高人民法院公布的《关于北京、上海、广州知识产权法院案件管辖的规定》（以下简称《知识产权法院案件管辖的规定》），对北京知识产权法院、上海知识产权法院和广州知识产权法院所管辖的案件作了更具体的规定。

根据《知识产权法院案件管辖的规定》第 1 条的规定，知识产权法院管辖所在市辖区内的下列第一审案件：①专利、植物新品种、集成电路布图设计、技术秘密、计算机软件民事和行政案件；②对国务院部门或者县级以上地方人民政府所作的涉及著作权、商标、不正当竞争等行政行为提起诉讼的行政案件；③涉及驰名商标认定的民事案件。

根据《知识产权法院案件管辖的规定》第 2 条的规定，广州知识产权法院对广东省内专利、植物新品种、集成电路布图设计、技术秘密、计算机软件民事和行政案件以及涉及驰名商标认定的民事案件实行跨区域管辖。

根据《知识产权法院案件管辖的规定》第 3 条的规定，北京市、上海市各中级人民法院和广州市中级人民法院不再受理知识产权民事和行政案件。广东省其他中级人民法院不再受理专利、植物新品种、集成电路布图设计、技术秘密、计算机软件民事和行政案件以及涉及驰名商标认定的民事案件。〔1〕北京市、上海市、广东省各基层人民法院不再受理专利、植物新品种、集成电路布图设计、技术秘密、计算机软件民事和行政案件以及涉及驰名商标认定的民事案件。

根据《知识产权法院案件管辖的规定》第 4 条的规定，案件标的既包含专利、植物新品种、集成电路布图设计、技术秘密、计算机软件或者涉及驰名商标认定，又包含其他内容的，按本规定第 1 条和第 2 条的规定确定管辖。

根据《知识产权法院案件管辖的规定》第 5 条的规定，下列第一审行政案件由北京知识产权法院管辖：①不服国务院部门作出的有关专利、商标、植物新品种、集成电路布图设计等知识产权的授权确权裁定或者决定的；②不服国务院部门作出的有关专利、植物新品种、集成电路布图设计的强制许可决定以及强制许可使用费或者报酬的裁决的；③不服国务院部门作出的涉及知识产权授权确权的其他行政行为的。

根据《知识产权法院案件管辖的规定》第 6 条的规定，当事人对知识产权法院所在市的基层人民法院作出的第一审著作权、商标、技术合同、不正当竞争等知识产权民事和行政判决、裁定提起的上诉案件，由知识产权法院审理。

根据《知识产权法院案件管辖的规定》第 7 条的规定，当事人对知识产权法院作出的第一审判决、裁定提起的上诉案件和依法申请上一级法院复议的案件，由知识产权法院所在地的高级人民法院知识产权审判庭审理。

根据《知识产权法院案件管辖的规定》第 8 条的规定，知识产权法院所在省（直辖市）的基层人民法院在知识产权法院成立前已经受理但尚未审结的专利、植物新品种、集成电路布图设计、技术秘密、计算机软件民事和行政案件以及涉及驰名商标认定的案件，由该基层人民法院继续审理。除广州市中级人民法院以外，广东省其他中级人民法院在广州知识产权法院成立前

---

〔1〕 在广州知识产权法院成立后，经最高人民法院批准，深圳市中级人民法院保留了专利、植物新品种、集成电路布图设计、技术秘密、计算机软件民事和行政案件以及涉及驰名商标认定的民事案件的管辖权。发生在深圳市辖区内的此类案件不由广州知识产权法院管辖。

已经受理但尚未审结的专利、植物新品种、集成电路布图设计、技术秘密、计算机软件民事和行政案件以及涉及驰名商标认定的案件，由该中级人民法院继续审理。

（二）特别法和相关司法解释关于最高人民法院知识产权法庭的规定

为了统一知识产权案件裁判标准，进一步加强知识产权司法保护，优化科技创新法治环境，加快实施创新驱动发展战略。

2018年10月26日，全国人大常委会通过《全国人民代表大会常务委员会关于专利等知识产权案件诉讼程序若干问题的决定》（以下简称为《知识产权案件诉讼程序若干问题的决定》），自2019年1月1日起施行。

根据《知识产权案件诉讼程序若干问题的决定》第1条的规定，当事人对发明专利、实用新型专利、植物新品种、集成电路布图设计、技术秘密、计算机软件、垄断等专业技术性较强的知识产权民事案件第一审判决、裁定不服，提起上诉的，由最高人民法院审理。这一规定也意味着当事人对外观设计专利民事案件第一审判决、裁定不服，提起上诉的，通常由高级人民法院审理，而不是由最高人民法院审理，亦即，不能笼统地说专利上诉案件都由最高人民法院审理。当然，如果外观设计专利民事案件在省级行政区域内有重大影响，其第一审判决、裁定原本就是由高级人民法院作出的，则上诉案件由最高人民法院审理。

根据《知识产权案件诉讼程序若干问题的决定》第2条的规定，当事人对专利、植物新品种、集成电路布图设计、技术秘密、计算机软件、垄断等专业技术性较强的知识产权行政案件第一审判决、裁定不服，提起上诉的，由最高人民法院审理。

根据《知识产权案件诉讼程序若干问题的决定》第3条的规定，对已经发生法律效力的上述案件第一审判决、裁定、调解书，依法申请再审、抗诉等，适用审判监督程序的，由最高人民法院审理。最高人民法院也可以依法指令下级人民法院再审。

2018年12月27日，最高人民法院公布《关于知识产权法庭若干问题的规定》（法释〔2018〕22号，以下简称为《知识产权法庭的规定》），自2019年1月1日起施行。

根据《知识产权法庭的规定》第1条的规定，最高人民法院设立知识产权法庭，主要审理专利等专业技术性较强的知识产权上诉案件。知识产权法庭是最高人民法院派出的常设审判机构，设在北京市。知识产权法庭作出的判决、裁定、调解书和决定，是最高人民法院的判决、裁定、调解书和决定。

根据《知识产权法庭的规定》第 2 条的规定，知识产权法庭审理下列案件：①不服高级人民法院、知识产权法院、中级人民法院作出的发明专利、实用新型专利、植物新品种、集成电路布图设计、技术秘密、计算机软件、垄断第一审民事案件判决、裁定而提起上诉的案件；②不服北京知识产权法院对发明专利、实用新型专利、外观设计专利、植物新品种、集成电路布图设计授权确权作出的第一审行政案件判决、裁定而提起上诉的案件；③不服高级人民法院、知识产权法院、中级人民法院对发明专利、实用新型专利、外观设计专利、植物新品种、集成电路布图设计、技术秘密、计算机软件、垄断行政处罚等作出的第一审行政案件判决、裁定而提起上诉的案件；④全国范围内重大、复杂的本条第①②③项所称第一审民事和行政案件；⑤对本条第①②③项所称第一审案件已经发生法律效力的判决、裁定、调解书依法申请再审、抗诉、再审等适用审判监督程序的案件；⑥本条第①②③项所称第一审案件管辖权争议，罚款、拘留决定申请复议，报请延长审限等案件；⑦最高人民法院认为应当由知识产权法庭审理的其他案件。

（三）地方知识产权法庭的设立及其管辖权

从 2017 年 1 月到 2019 年 4 月，经最高人民法院批准，部分知识产权案件相对较多的地区先后设立了 19 家地方知识产权法庭，亦即成都知识产权法庭、南京知识产权法庭、苏州知识产权法庭、武汉知识产权法庭、合肥知识产权法庭、杭州知识产权法庭、宁波知识产权法庭、济南知识产权法庭、福州知识产权法庭、青岛知识产权法庭、深圳知识产权法庭、西安知识产权法庭、长沙知识产权法庭、天津知识产权法庭、郑州知识产权法庭、兰州知识产权法庭、长春知识产权法庭、乌鲁木齐知识产权法庭、海口知识产权法庭。

地方知识产权法庭的管辖权与知识产权法院类似。以郑州知识产权法庭为例，该法庭受理下列案件：①发生在河南省辖区内有关专利、植物新品种、集成电路布图设计、技术秘密、计算机软件、涉及驰名商标认定及垄断纠纷的第一审知识产权民事和行政案件；②发生在郑州市辖区内除基层人民法院管辖范围之外的有关商标、著作权、不正当竞争、技术合同纠纷的第一审知识产权民事和行政案件；③不服郑州市辖区内基层人民法院审理的第一审知识产权刑事案件的上诉案件。

与郑州知识产权法庭的管辖范围类似，其他地方的知识产权法庭也是在各自所属的省级行政区域内，对有关专利、植物新品种、集成电路布图设计、技术秘密、计算机软件、涉及驰名商标认定及垄断纠纷的第一审知识产权民事和行政案件实行跨地域管辖，并受理所在城市辖区内基层人民法院审理的第一审知识产权刑事案件的上诉案件。有的省设有两家知识产权法庭，例如，江苏省设有南京知识产权法庭和苏州知识产权法庭，苏州知识产权法庭的辖区为苏州、无锡、常州、南通，而南京知识产权法庭的辖区则是除苏州、无锡、常州、南通以外的江苏省的其他地区。

知识产权法庭与知识产权法院不同的是，知识产权法院与所在城市的中级人民法院是平行机构，而知识产权法庭则是所在城市的中级人民法院的内设专门审判机构，知识产权法庭制作的裁判文书和其他司法文书仍然是以其所属的中级人民法院的名义签发的。因此，严格地说，所谓知识产权法庭的管辖权，实际上是指知识产权法庭所属的中级人民法院的管辖权。不过，为了表述的简便，本书并不排斥知识产权法庭的管辖权这一说法。其实，在成立知识产权法庭之前，上述城市的中级人民法院也设有知识产权审判庭或者民三庭——负责审理知识产权案件，但管辖的地域范围限于所在城市。

（四）互联网法院及其所管辖的知识产权案件

2017年和2018年，中央全面深化改革委员会先后通过了《最高人民法院关于印发〈关于设立杭州互联网法院的方案〉的通知》《关于增设北京互联网法院、广州互联网法院的方案》，根据这两个方案，杭州互联网法院、北京互联网法院和广州互联网法院先后成立。

根据《最高人民法院关于互联网法院审理案件若干问题的规定》第2条的规定，杭州互联网法院、北京互联网法院和广州互联网法院集中管辖所在市的辖区内应当由基层人民法院受理的十一类案件，其中，涉及知识产权的是：在互联网上首次发表作品的著作权或者邻接权权属纠纷；在互联网上侵害在线发表或者传播作品的著作权或者邻接权而产生的纠纷；互联网域名权属、侵权及合同纠纷。

（五）知识产权实体法的司法解释中关于知识产权案件管辖的规定

所谓知识产权实体法，是指《专利法》《商标法》《著作权法》《植物新品种保护条例》以及《集成电路布图设计条例》等以知识产权的实体权利的获得与保护为主要内容的法律、法规。另外，反不正当竞争法中的部分内容也涉及知识产权实体权利的确认与保护，对于反不正当竞争法中的这部分内容也可视为知识产权实体法。

针对知识产权实体法的法律适用问题，最高人民法院公布了相应的司法解释，并且在司法解释中对知识产权民事、行政案件的管辖问题作了规定。尽管随着最高人民法院知识产权法庭以及北京、上海、广州知识产权法院和成都知识产权法庭等地方知识产权法庭的设立，知识产权案件的管辖发生了较大的变化，最高人民法院针对知识产权实体法的法律适用问题所作的司法解释中有关知识产权民事、行政案件管辖的部分内容已不再具有效力，但仍有相当一部分规定是有效的。

根据《最高人民法院关于审理专利纠纷案件适用法律问题的若干规定》（以下简称为《专利纠纷案件规定》）第1条的规定，人民法院受理下列专利纠纷案件：①专利申请权纠纷案件；②专利权权属纠纷案件；③专利权、专利申请权转让合同纠纷案件；④侵犯专利权纠纷案件；⑤假冒他人专利纠纷案件；⑥发明专利申请公布后、专利权授予前使用费纠纷案件；⑦职务发明创造发明人、设计人奖励、报酬纠纷案件；⑧诉前申请停止侵权、财产保全案件；⑨发明人、设计人资格纠纷案件；⑩不服专利复审委员会维持驳回申请复审决定案件；⑪不服专利复审委员会专利权无效宣告请求决定案件；⑫不服国务院专利行政部门实施强制许可决定案件；⑬不服国务院专利行政部门实施强制许可使用费裁决案件；⑭不服国务院专利行政部门行政复议决定案件；⑮不服管理专利工作的部门行政决定案件；⑯其他专利纠纷案件。

根据《专利纠纷案件规定》第2条的规定，专利纠纷第一审案件，由各省、自治区、直辖市人民政府所在地的中级人民法院和最高人民法院指定的中级人民法院管辖。最高人民法院根据实际情况，可以指定基层人民法院管辖第一审专利纠纷案件。

根据《专利纠纷案件规定》第5条的规定，因侵犯专利权行为提起的诉讼，由侵权行为地或者被告住所地人民法院管辖。侵权行为地包括：被控侵犯发明、实用新型专利权的产品的制造、使用、许诺销售、销售、进口等行为的实施地；专利方法使用行为的实施地，依照该专利方法直接获得的产品的使用、许诺销售、销售、进口等行为的实施地；外观设计专利产品的制造、销售、进口等行为的实施地；假冒他人专利的行为实施地。上述侵权行为的侵权结果发生地。

根据《专利纠纷案件规定》第 6 条的规定，原告仅对侵权产品制造者提起诉讼，未起诉销售者，侵权产品制造地与销售地不一致的，制造地人民法院有管辖权；以制造者与销售者为共同被告起诉的，销售地人民法院有管辖权。销售者是制造者分支机构，原告在销售地起诉侵权产品制造者制造、销售行为的，销售地人民法院有管辖权。

根据《最高人民法院关于商标法修改决定施行后商标案件管辖和法律适用问题的解释》（以下简称为《商标案件管辖和法律适用解释》）第 1 条的规定，人民法院受理以下商标案件：①不服国务院工商行政管理部门商标评审委员会（以下简称商标评审委员会）作出的复审决定或者裁定的行政案件；②不服工商行政管理部门作出的有关商标的其他具体行政行为的案件；③商标权权属纠纷案件；④侵害商标专用权纠纷案件；⑤确认不侵害商标专用权纠纷案件；⑥商标权转让合同纠纷案件；⑦商标使用许可合同纠纷案件；⑧商标代理合同纠纷案件；⑨申请诉前停止侵害商标专用权案件；⑩因申请停止侵害商标专用权损害责任案件；⑪因商标纠纷申请诉前财产保全案件；⑫因商标纠纷申请诉前证据保全案件；⑬其他商标案件。

根据《商标案件管辖和法律适用解释》第 2 条的规定，不服商标评审委员会作出的复审决定或者裁定的行政案件及国家工商行政管理总局商标局作出的有关商标的具体行政行为案件，由北京市有关中级人民法院管辖。

根据《商标案件管辖和法律适用解释》第 3 条的规定，第一审商标民事案件，由中级以上人民法院及最高人民法院指定的基层人民法院管辖。涉及对驰名商标保护的民事、行政案件，由省、自治区人民政府所在地市、计划单列市、直辖市辖区中级人民法院及最高人民法院指定的其他中级人民法院管辖。

根据《最高人民法院关于审理商标民事纠纷案件适用法律若干问题的解释》（以下简称为《商标民事纠纷案件解释》）第 6 条的规定，因侵犯注册商标专用权行为提起的民事诉讼，由《商标法》第 13 条、第 52 条[1]所规定侵权行为的实施地、侵权商品的储藏地或者查封扣押地、被告住所地人民法院管辖。前款规定的侵权商品的储藏地，是指大量或者经常性储存、隐匿侵权商品所在地；查封扣押地，是指海关、工商等行政机关依法查封、扣押侵

---

[1] 指 2011 年《商标法》第 52 条，2011 年《商标法》第 52 条与 2019 年《商标法》第 57 条对应。

权商品所在地。

根据《商标民事纠纷案件解释》第7条的规定，对涉及不同侵权行为实施地的多个被告提起的共同诉讼，原告可以选择其中一个被告的侵权行为实施地人民法院管辖；仅对其中某一被告提起的诉讼，该被告侵权行为实施地的人民法院有管辖权。

根据《最高人民法院关于审理著作权民事纠纷案件适用法律若干问题的解释》（以下简称为《著作权民事纠纷案件解释》）第1条的规定，人民法院受理以下著作权民事纠纷案件：①著作权及与著作权有关权益权属、侵权、合同纠纷案件；②申请诉前停止侵犯著作权、与著作权有关权益行为，申请诉前财产保全、诉前证据保全案件；③其他著作权、与著作权有关权益纠纷案件。

根据《著作权民事纠纷案件解释》第2条的规定，著作权民事纠纷案件，由中级以上人民法院管辖。各高级人民法院根据本辖区的实际情况，可以确定若干基层人民法院管辖第一审著作权民事纠纷案件。

根据《著作权民事纠纷案件解释》第3条的规定，对著作权行政管理部门查处的侵犯著作权行为，当事人向人民法院提起诉讼追究该行为人民事责任的，人民法院应当受理。人民法院审理已经过著作权行政管理部门处理的侵犯著作权行为的民事纠纷案件，应当对案件事实进行全面审查。

根据《著作权民事纠纷案件解释》第4条的规定，因侵犯著作权行为提起的民事诉讼，由《著作权法》第46条、第47条[1]所规定侵权行为的实施地、侵权复制品储藏地或者查封扣押地、被告住所地人民法院管辖。前款规定的侵权复制品储藏地，是指大量或者经常性储存、隐匿侵权复制品所在地；查封扣押地，是指海关、版权、工商等行政机关依法查封、扣押侵权复制品所在地。

根据《著作权民事纠纷案件解释》第5条的规定，对涉及不同侵权行为实施地的多个被告提起的共同诉讼，原告可以选择其中一个被告的侵权行为实施地人民法院管辖；仅对其中某一被告提起的诉讼，该被告侵权行为实施地的人民法院有管辖权。

根据《最高人民法院关于开展涉及集成电路布图设计案件审判工作的通

---

[1] 指2001年《著作权法》第46条、47条，分别与2010年《著作权法》第47条、48条对应。

知》（以下简称为《布图设计案件通知》）第 1 条的规定，人民法院受理下列涉及布图设计的案件：①布图设计专有权权属纠纷案件；②布图设计专有权转让合同纠纷案件；③侵犯布图设计专有权纠纷案件；④诉前申请停止侵权、财产保全案件；⑤不服国务院知识产权行政部门驳回布图设计登记申请的复审决定的条件；⑥不服国务院知识产权行政部门撤销布图设计登记申请决定的案件；⑦不服国务院知识产权行政部门关于使用布图设计非自愿许可决定的案件；⑧不服国务院知识产权行政部门关于使用布图设计非自愿许可的报酬的裁决的案件；⑨不服国务院知识产权行政部门对侵犯布图设计专有权行为处理决定的案件；⑩不服国务院知识产权行政部门行政复议决定的案件；⑪其他涉及布图设计的案件。

根据《布图设计案件通知》第 2 条的规定，该通知（司法解释）第 1 条所列第⑤至⑩类案件，由北京市第一中级人民法院作为第一审人民法院审理；其余各类案件，由各省、自治区、直辖市人民政府所在地，经济特区所在地和大连、青岛、温州、佛山、烟台市的中级人民法院作为第一审人民法院审理。

根据《最高人民法院关于审理植物新品种纠纷案件若干问题的解释》（以下简称为《植物新品种纠纷案件解释》）第 1 条的规定，人民法院受理的植物新品种纠纷案件主要包括以下几类：①是否应当授予植物新品种权纠纷案件；②宣告授予的植物新品种权无效或者维持植物新品种权的纠纷案件；③授予品种权的植物新品种更名的纠纷案件；④实施强制许可的纠纷案件；⑤实施强制许可使用费的纠纷案件；⑥植物新品种申请权纠纷案件；⑦植物新品种权权利归属纠纷案件；⑧转让植物新品种申请权和转让植物新品种权的纠纷案件；⑨侵犯植物新品种权的纠纷案件；⑩不服省级以上农业、林业行政管理部门依据职权对侵犯植物新品种权处罚的纠纷案件；⑪不服县级以上农业、林业行政管理部门依据职权对假冒授权品种处罚的纠纷案件。

根据《植物新品种纠纷案件解释》第 3 条的规定，该解释第 1 条所列第①至⑤类案件，由北京市第二中级人民法院作为第一审人民法院审理；第⑥至⑪类案件，由各省、自治区、直辖市人民政府所在地和最高人民法院指定的中级人民法院作为第一审人民法院审理。

（六）知识产权民事、行政案件管辖问题总结

综合《民事诉讼法》《行政诉讼法》《设立知识产权法院的决定》和上述

司法解释的规定，可以将我国现行的第一审知识产权民事、行政案件的管辖归纳如下：

（1）第一审知识产权授权确权行政案件和涉及强制许可决定、强制许可使用费裁决的案件由北京知识产权法院管辖；如果案件重大复杂，由北京市高级人民法院甚至最高人民法院管辖的可能性也是存在的，不过，在司法实践中，从未发生过由北京市高级人民法院受理的第一审知识产权授权确权行政案件，更不用说由最高人民法院受理的第一审知识产权授权确权行政案件。至于涉及强制许可的行政案件，迄今为止，在司法实践中尚未出现此类案件。

（2）对于其所属省级行政区域内设立了知识产权法院或知识产权法庭（指成都知识产权法庭等19家知识产权法庭，不包括最高人民法院知识产权法庭，下同）的城市来说，有关专利、植物新品种、集成电路布图设计、技术秘密等专业技术性较强的第一审知识产权民事和行政案件以及涉及驰名商标认定的第一审民事案件，由知识产权法院或者知识产权法庭所属中级人民法院在所属省级行政区域范围内实行跨区域管辖。[1]其他知识产权第一审民事和行政案件（指专利、植物新品种、集成电路布图设计、技术秘密等专业技术性较强的第一审知识产权民事和行政案件以及涉及驰名商标认定的第一审民事案件之外的知识产权民事和行政案件——不包括涉及驰名商标认定的第一审行政案件，下同）由知识产权法院、知识产权法庭所属中级人民法院、其他城市（指北京市、上海市、广州市以及设立了知识产权法庭的城市以外的城市）的中级人民法院或者最高人民法院指定或者经高级人民法院批准的基层人民法院管辖。如果前述案件在所属省级行政区域内有重大影响，则由所属省级行政区域内的高级人民法院管辖。如果前述案件在全国范围内有重大影响，则由最高人民法院知识产权法庭管辖。[2]另需说明的是，涉及驰名商标认定的第一审行政案件属于商标授权确权行政案件，通常由北京知识产权法院管辖。

（3）对于未设立知识产权法院、知识产权法庭的省级行政区域来说，有关专利、植物新品种、集成电路布图设计、技术秘密等专业技术性较强的第

---

[1] 根据《设立知识产权法院的决定》第2条的规定，北京、上海、广州知识产权法院的管辖地域范围，在所述知识产权成立3年之后，可以超出北京市、上海市或广东省的行政区域范围，不过，迄今为止，北京、上海、广州知识产权法院并没有超出所属直辖市或省的行政区域范围受理案件。

[2] 迄今为止，在司法实践中，尚未出现由最高人民法院受理的第一审知识产权民事案件。

一审知识产权民事和行政案件以及涉及驰名商标认定的第一审民事案件，由最高人民法院指定的中级人民法院管辖。其他知识产权第一审民事和行政案件，由中级人民法院管辖或者最高人民法院指定或者经高级人民法院批准的基层人民法院管辖。如果前述案件在所属省级行政区域内有重大影响，则由所属省级行政区域内的高级人民法院管辖。如果前述案件在全国范围内有重大影响，则由最高人民法院知识产权法庭管辖。

（4）北京、广州、杭州辖区内的部分涉及互联网的著作权（包括邻接权）纠纷以及域名纠纷案件，由北京、广州、杭州互联网法院管辖。

（5）根据《民事诉讼法》第38条的规定，上级人民法院有权审理下级人民法院管辖的第一审民事案件。据此，知识产权法院或者地方知识产权法庭所属省级行政区域内的高级人民法院以及其他省级行政区域内的高级人民法院，除受理在所属省级行政区域内有重大影响的第一审知识产权案件外，也可以酌情决定受理所属省级行政区域内的其他第一审知识产权案件，例如有关专利、植物新品种、集成电路布图设计、技术秘密等专业技术性较强的第一审知识产权民事和行政案件以及涉及驰名商标认定的第一审民事案件。

四、知识产权刑事案件的管辖

与知识产权民事案件、行政案件的管辖涉及多部法律及其相关司法解释不同，知识产权刑事案件的管辖，尤其是级别管辖，主要适应刑事诉讼法的规定，专门针对知识产权刑事案件管辖的规定不多。

（一）刑事案件的职能管辖

职能管辖是指人民法院、人民检察院和公安机关之间在直接受理刑事案件事项上的权限划分。根据《刑事诉讼法》第19条的规定，刑事案件的侦查由公安机关进行，法律另有规定的除外。人民检察院在对诉讼活动实行法律监督中发现的司法工作人员利用职权实施的非法拘禁、刑讯逼供、非法搜查等侵犯公民权利、损害司法公正的犯罪，可以由人民检察院立案侦查。对于公安机关管辖的国家机关工作人员利用职权实施的重大犯罪案件，需要由人民检察院直接受理的时候，经省级以上人民检察院决定，可以由人民检察院立案侦查。自诉案件，由人民法院直接受理。根据《最高人民法院关于适用〈中华人民共和国刑事诉讼法〉的解释》（以下简称为《刑事诉讼法解释》）第1条的规定，人民法院直接受理的自诉案件包括三类案件：其一，告诉才处理的案件；其二，人民检察院没有提起公诉、被害人有证据证明的轻微刑事案件；其三，被害人有证据证明对被告人侵犯自己人身、财产权利的行为应当依法追究刑事责任，且有证据证明曾经提出控告，而公安机关或者人民检察院不予追究被告人刑事责任的案件。侵犯知识产权犯罪案件（严重危害社会秩序和国家利益的除外）属于第二类自诉案件。

《知识产权刑事案件意见》对侵犯知识产权犯罪案件的职能管辖作了规定。根据《知识产权刑事案件意见》第1条的规定，侵犯知识产权犯罪案件由犯罪地公安机关立案侦查。必要时，可以由犯罪嫌疑人居住地公安机关立案侦查。侵犯知识产权犯罪案件的犯罪地，包括侵权产品制造地、储存地、运输地、销售地，传播侵权作品、销售侵权产品的网站服务器所在地、网络接入地、网站建立者或者管理者所在地，侵权作品上传者所在地，权利人受到实际侵害的犯罪结果发生地。对有多个侵犯知识产权犯罪地的，由最初受理的公安机关或者主要犯罪地公安机关管辖。多个侵犯知识产权犯罪地的公安机关对管辖有争议的，由共同的上级公安机关指定管辖，需要提请批准逮捕、移送审查起诉、提起公诉的，由该公安机关所在地的同级人民检察院、人民法院受理。对于不同犯罪嫌疑人、犯罪团伙跨地区实施的涉及同一批侵权产品的制造、储存、运输、销售等侵犯知识产权犯罪行为，符合并案处理要求的，有关公安机关可以一并立案侦查，需要提请批准逮捕、移送审查起诉、提起公诉的，由该公安机关所在地的同级人民检察院、人民法院受理。

（二）刑事案件的审判管辖

刑事案件的审判管辖，是指各级人民法院之间、同级人民法院之间、普通人民法院与专门法院之间以及各专门法院之间受理第一审刑事案件的权限划分。

1. 级别管辖

根据《刑事诉讼法》第20条的规定，基层人民法院管辖第一审普通刑事案件，但是依照本法由上级人民法院管辖的除外。

根据《刑事诉讼法》第21条的规定，中级人民法院管辖下列第一审刑事案件：①危害国家安全、恐怖活动案件；②可能判处无期徒刑、死刑的案件。

根据《刑事诉讼法》第22条的规定，高级人民法院管辖的第一审刑事案件，是全省（自治区、直辖市）性的重大刑事案件。

根据《刑事诉讼法》第23条的规定，最高人民法院管辖的第一审刑事案件，是全国性的重大刑事案件。

根据《刑事诉讼法》第24条的规定，上级人民法院在必要的时候，可以审判下级人民法院管辖的第一审刑事案件；下级人民法院认为案情重大、复杂需要由上级人民法院审判的第一审刑事案件，可以请求移送上一级人民法院审判。

由于侵犯知识产权罪的最高法定刑为有期徒刑7年，且相关司法解释未就知识产权刑事案件的级别管辖作出特别规定，故根据《刑事诉讼法》第20条的规定，第一审知识产权刑事案件由基层人民法院管辖。

2. 地域管辖

根据《刑事诉讼法》第25条的规定，刑事案件由犯罪地的人民法院管辖。如果由被告人居住地的人民法院审判更为适宜的，可以由被告人居住地的人民法院管辖。

关于犯罪地的认定问题，根据《刑事诉讼法解释》第2条的规定，犯罪地包括犯罪行为发生地和犯罪结果发生地。针对或者利用计算机网络实施的犯罪，犯罪地包括犯罪行为发生地的网站服务器所在地，网络接入地，网站建立者、管理者所在地，被侵害的计算机信息系统及其管理者所在地，被告人、被害人使用的计算机信息系统所在地，以及被害人财产遭受损失地。

另据《刑事诉讼法解释》第3条的规定，被告人的户籍地为其居住地。经常居住地与户籍地不一致的，经常居住地为其居住地。经常居住地为被告人被追诉前已连续居住1年以上的地方，但住院就医的除外。被告单位登记的住所地为其居住地。主要营业地或者主要办事机构所在地与登记的住所地不一致的，主要营业地或者主要办事机构所在地为其居住地。

根据《刑事诉讼法》第26条的规定，几个同级人民法院都有权管辖的案件，由最初受理的人民法院审判。在必要的时候，可以移送主要犯罪地的人民法院审判。

3. 指定管辖

根据《刑事诉讼法》第27条的规定，上级人民法院可以指定下级人民法院审判管辖不明的案件，也可以指定下级人民法院将案件移送其他人民法院审判。

4. 移送管辖

根据《刑事诉讼法解释》第15条的规定，基层人民法院对可能判处无期徒刑、死刑的第一审刑事案件，应当移送中级人民法院审判。基层人民法院对下列第一审刑事案件，可以请求移送中级人民法院审判：①重大、复杂案件；②新类型的疑难案件；③在法律适用上具有普遍指导意义的案件。

需要将案件移送中级人民法院审判的，应当在报请院长决定后，至迟于案件审理期限届满15日前书面请求移送。中级人民法院应当在接到申请后10日内作出决定。不同意移送的，应当下达不同意移送决定书，由请求移送的人民法院依法审判；同意移送的，应当下达同意移送决定书，并书面通知同级人民检察院。

5. 专门管辖

根据《刑事诉讼法》第28条的规定，专门人民法院案件的管辖另行规定。

目前，由专门人民法院管辖的刑事案件主要包括军事法院管辖的涉及军人或军地互涉案件以及铁路运输法院管辖的发生在铁路工作区域（包括火车、高铁、车站、路段等）内的刑事案件。

五、现行知识产权诉讼管辖存在的主要问题及其解决对策

从笔者通过调研所了解到的情况看，目前，在知识产权诉讼管辖方面最突出的问题是，知识产权的民事诉讼、行政诉讼与刑事诉讼在级别管辖方面的不协调。具体地说，就是危害性更大、情节更加严重的侵犯知识产权的第一审案件作为刑事案件由基层人民法院管辖，而危害性较小、情节较轻的侵犯知识产权的第一审案件反而是作为民事案件或者行政案件，并且通常是由中级人民法院甚至更加专业化的知识产权法院、知识产权法庭管辖。这种管辖制度难以保障人民法院正确适用侵犯知识产权罪。

在调研的过程中，笔者注意到一种观点，这种观点认为刑法对侵犯知识产权的犯罪行为的范围作了严格而清晰的限定，与一般的承担民事责任的侵犯知识产权行为相比，侵犯知识产权的犯罪行为方式比较容易判断。以假冒注册商标的犯罪行为为例，以商标专用权人的注册商标及其核定使用的商品为参照，该行为仅限于在同一种商品上使用相同商标的行为，亦即所谓的"商品和商标两相同"，而侵犯商标专用权的行为远不止"商品和商标两相同"，还包括在类似商品上使用近似商标等情形。这种观点不能说一点道理也没有，然而，即便是未经商标注册人许可在同一种商品上使用相同商标的行为，也未必侵犯商标专用权，更不用说构成犯罪。例如，在商标使用人承揽涉外定牌加工的情况下，即便该使用人所使用的海外商标与他人在中国申请注册的商标属于同一种商品上的相同商标，但只要该使用人对海外商标尽了合理的审查义务，其行为就不侵犯他人在中国所享有的商标专用权。[1]所谓涉外定牌加工，也称为海外定牌加工或海外贴牌加工，是指中国的承揽人（受托人）受中国以外（俗称海外）的定作人（委托人）委托，为其生产商品，并在商品上使用定作人所指定的商标——通常为定作人在中国之外的其他国家或者地区获准注册的商标，所生产的商品全部由定作人在中国之外包销的一种生产方式。

另需说明的是，侵犯商业秘密的行为有可能构成犯罪，而商业秘密包括技术秘密，而技术秘密的范围比发明和实用新型专利的范围要宽得多。例如，不属于发明和实用新型专利保护客体的技术方案可以作为技术秘密受到保护，具备新颖性但不具备创造性因而不具备发明和实用新型专利授权条件的技术方案也可以作为技术秘密受到保护，而发明和实用新型专利申请在公开之前，其所请求保护的技术方案其实就是技术秘密——不具备新颖性的除外。尤其值得注意的是，企业的核心技术，除非容易被反向工程破译——在这种情况下发明专利的保护显得尤其重要，要么是以技术秘密的形式予以保护，要么是以技术秘密与发明专利相结合的方式予以保护。为了说明这个问题，不妨假定：A 技术领域的现有技术公开了一种由技术特征 a、b、c、d 构成的、解决问题 B 的技术方案 C1；C1 是现有的解决问题 B 的技术方案中最新且技术效果最优的技术方案，但是，该技术方案存在技术缺陷 Y；为了克服技术缺陷 Y，某发明人在技术方案 C1 的基础上提出了由技术特征 a、b、c、d、e 构成的技术方案 C2，其中，技术特征 e 是对技术方案 C1 予以进一步限定的且能够克服技术缺陷 Y 的区别技术特征。实践中，如果由技术特征 a、b、c、d、e 构成的技术方案 C2 不容易被反向工程破译，则发明人或其所在单位往往会以商业秘密的形式保护包含技术特征 e 的技术方案 C2，反之，如果由技术特征 a、b、c、d、e 构成的技术方案 C2 本身容易被反向工程破译，但技术特征 e 与技术特征 a、b、c 或 d 之间的某些特定的、能够产生更优的技术效果的结合方式不容易被反向工程破译，则发明人或其所在单位往往会针对包含技术

---

[1] 参见江苏省高级人民法院民事判决书［2012］苏知民终字第 0297 号。

特征 e 的技术方案 C2 申请发明专利，同时对技术特征 e 与技术特征 a、b、c 或 d 之间的某些特定的、能够产生更优的技术效果的结合方式"留一手"——采用技术秘密的方式予以保护。由此可见，技术秘密的保护，对于企业来说何其重要。然而，与发明和实用新型专利不同，由于没有清晰的权利边界或相对清晰的权利要求，技术秘密，特别是涉及复杂技术问题的技术秘密，在侵权的判定问题上往往比发明和实用新型专利的侵权判定更加难以准确把握。司法实践中甚至出现同一行为人涉嫌侵犯技术秘密的行为被知识产权案件审判经验较为丰富的中级人民法院在民事案件中认定不侵犯商业秘密，却被较少接触知识产权案件的基层人民法院在刑事案件中认定构成侵犯商业秘密罪的案件。

总之，我国现行的知识产权诉讼管辖制度存在知识产权民事诉讼、行政诉讼与刑事诉讼在级别管辖方面的不协调问题，而这种不协调也不利于权利人通过附带民事诉讼获得损害赔偿。根据《刑事诉讼法》第 104 条的规定，附带民事诉讼应当同刑事案件一并审判，只有为了防止刑事案件审判的过分迟延，才可以在刑事案件审判后，由同一审判组织继续审理附带民事诉讼。由于基层人民法院大多不具备知识产权民事案件的管辖权，因此，除了部分被最高人民法院指定有权管辖知识产权案件的基层人民法院，特别是进行了知识产权民事诉讼、行政诉讼与刑事诉讼"三审合一"试点工作的基层人民法院，一般的基层人民法院不能在审理知识产权刑事案件的同时，审理附带民事诉讼。在犯罪嫌疑人确实构成犯罪或者构成侵权的情况下，知识产权权利人要想获得损害赔偿，就需要另行向有管辖权的人民法院起诉，这对于国家的司法资源来说，其实也是一种浪费。

那么，怎样解决上述问题呢？本书认为，最简单的解决办法是，由最高人民法院作出解释，将知识产权刑事案件，至少是涉及技术秘密、计算机软件著作权的知识产权刑事案件解释为《刑事诉讼法解释》第 15 条第（二）项所规定的"新类型的疑难案件"，从而将基层人民法院受理的此类案件移送到中级人民法院管辖。而更为有效的办法则是，在全国范围内全面推行知识产权民事诉讼、行政诉讼与刑事诉讼"三审合一"的审判制度。

六、在信息网络环境下知识产权侵权产品销售地的确认与管辖问题

根据《专利纠纷案件规定》第 5 条的规定，因侵犯专利权行为提起的诉

讼，由侵权行为地或者被告住所地人民法院管辖。侵权行为地包括：被控侵犯发明、实用新型专利权的产品的制造、使用、许诺销售、销售、进口等行为的实施地；专利方法使用行为的实施地，依照该专利方法直接获得的产品的使用、许诺销售、销售、进口等行为的实施地；外观设计专利产品的制造、销售、进口等行为的实施地；假冒他人专利的行为实施地；上述侵权行为的侵权结果发生地。由此可见，在不违反相关法律和司法解释等规范性文件关于知识产权法院和地方知识产权法庭专属管辖以及专利案件的级别管辖的前提下，专利侵权产品销售地的法院有权管辖因销售侵权产品而产生的专利纠纷案件。结合有关商标、著作权等其他类型的知识产权的相关司法解释，可以看出，在不违反相关法律和司法解释等规范性文件关于知识产权法院和地方知识产权法庭专属管辖以及知识产权案件的级别管辖的前提下，知识产权侵权产品销售地的法院有权管辖因销售侵权产品而产生的知识产权纠纷案件。

在传统的市场交易模式中，销售地很容易界定，在不违反级别管辖和专属管辖的前提下，由销售地法院对知识产权侵权案件进行管辖也是合理的。然而，在信息网络环境下，销售地的范围极为宽泛。任何连接有信息网络的地方都有可能成为侵权产品的销售地，至少就数字化产品而言是这样。而对于有物质实体的传统产品来说，借助信息网络和物流公司，也极大地拓展了销售地（所购产品的送达地）的范围。在知识产权维权实践中，一些权利人，为了便于自己诉讼，在明知侵权产品制造地和/或侵权者住所地的情况下，不去侵权产品制造地或侵权者的住所地起诉，而是通过信息网络购买或者公证购买一件或若干件涉嫌侵权产品，然后就去法院——对销售地的知识产权侵权案件有管辖权的法院——起诉。然而，对销售地的知识产权侵权案件有管辖权的法院会以案件不属于本院管辖为由而不予受理。[1]

既然知识产权侵权产品销售地法院对侵犯知识产权的案件有管辖权，为何法院不予受理呢？正如北京知识产权法院［2015］京知民立初字第2454号民事裁定书所分析的那样：对专利侵权纠纷而言，无论是由生产地、实际销售地还是被告住所地确定管辖，都相较于起诉人住所地更有利于法院对侵权事实进行查明、对被控侵权产品进行比对以及相应判决的执行。倘若商家将

---

〔1〕 参见北京知识产权法院民事裁定书［2015］京知民立初字第2454号；北京市高级人民法院民事裁定书［2016］京民终47号；最高人民法院民事裁定书［2016］最高法民申731号。

其产品置于电商平台进行销售，就意味着其可能面临要全国各地法院应诉的局面，这显然不符合管辖权确定的基本原则，也可能使以"被告住所地"确定管辖的制度设计落空。据此，在涉网络销售的专利侵权纠纷案件中，不宜将信息网络侵权行为进行扩大解释，而将被侵权人住所地视为侵权结果发生地，进而以被侵权人住所地作为管辖连接点。

虽然北京知识产权法院［2015］京知民立初字第2454号民事裁定书所针对的是专利侵权案件的地域管辖问题，但是，该民事裁定书所体现的法理，对于侵犯其他知识产权（不包括侵犯信息网络传播权）案件的地域管辖问题也是适用的。那么，究竟该怎样理解《专利纠纷案件规定》等司法解释所规定的侵权产品销售地呢？本书认为，首先，不能将网购产品的送达地理解为侵权产品销售地。其次，结合原告就被告的原则和人民法院受理知识产权侵权案件的司法实践，可以认为侵权产品销售地是指实体意义上的销售地，亦即设有销售侵权产品的商场或其他交易场所的地区，而不是泛指任何可以买到侵权产品的地区。

七、其他与知识产权有关案件的管辖及其他程序问题的个案分析

由于消费者权益与知识产权有着内在的联系，近年来，随着消费者维权意识的提高，司法实践中出现一些涉及知识产权的消费者维权案件。例如刘某兵诉步步高公司、王老吉公司、广药集团虚假宣传案就是一起涉及知识产权的消费者维权案件，本案从实体到程序两方面都带来了一些值得思考的问题，这是本书选用此案做个案分析的根本原因。

（一）基本案情

1. 原告及其诉讼请求

湖南全觉律师事务所律师刘某兵因喉咙上火，于2015年4月25日在长沙步步高商业连锁有限责任公司东塘店（以下简称为"步步高公司"）购买了"王老吉"凉茶（以下简称为"涉案凉茶"）。涉案凉茶的包装上所标注的"独家秘方""民族品牌王老吉，始创于清朝道光年间，已逾百年历史""民族品牌王老吉，始创于1828年，传世180余年"等宣传用语，是促使刘某兵决定购买该品牌凉茶的主要原因。然而，在喝了涉案凉茶之后，刘某兵发现：与自己前几年曾经喝过的，由加多宝公司生产的，使用了"王老吉"凉茶的创始人——清朝名医王泽邦先生独创的凉茶秘方的"王老吉"红罐凉茶相比，

涉案凉茶在口感上有差别。此后，刘某兵进一步发现，王泽邦先生的后人曾在深圳市发表联合声明，表示他们从未将祖传的"王老吉"凉茶秘方授予广州医药集团有限公司（"王老吉"商标注册人，以下简称为"广药集团"）使用。

基于王泽邦后人的上述声明，以及涉案凉茶在口感上的差别，刘某兵认为，上述标注在涉案凉茶包装上的宣传用语与事实不符，构成对自己的欺诈，损害了自己作为消费者所依法享有的知情权。为此，刘某兵以步步高公司、广州王老吉大健康产业有限公司（生产商，以下简称为"王老吉公司"）和广药集团为共同被告，向长沙市雨花区人民法院起诉。其诉讼请求的主要内容如下：

（1）请求人民法院确认涉案凉茶包装上所标注的"独家秘方""民族品牌王老吉，始创于清朝道光年间，已逾百年历史""民族品牌王老吉，始创于1828年，传世180余年"等宣传用语构成对原告的欺诈，损害了原告作为消费者所依法享有的知情权；

（2）判令被告步步高公司停止销售涉案凉茶；

（3）判令被告王老吉公司、广药集团停止生产（包括委托他人生产）、销售涉案凉茶；

（4）三被告共同赔偿原告经济损失37.8元；

（5）被告王老吉公司、广药集团在《湖南日报》上登报向原告公开赔礼道歉。

2. 原告的主要证据

原告为支持其诉讼请求而提交的主要证据如下：

（1）步步高公司出具的载有涉案凉茶名称的购物小票，与该购物小票相对应的发票，以及涉案凉茶的包装，用以证明由被告王老吉公司生产、由被告步步高公司销售、以被告广药集团为商标注册人的涉案凉茶的包装上标注了"独家秘方""民族品牌王老吉，始创于清朝道光年间，已逾百年历史""民族品牌王老吉，始创于1828年，传世180余年"等宣传用语。

（2）从网上收集的有关凉茶始祖、"王老吉"凉茶的创始人、清朝名医王泽邦先生在道光年间首创"王老吉"凉茶秘方的文献资料，用以证明被告在涉案凉茶的包装上标注上述宣传用语的行为，极易让消费者误以为涉案凉茶使用了王泽邦先生发明的"王老吉"凉茶秘方。

（3）王泽邦先生的后人王健仪等人在《南方日报》上刊登的集体声明，该集体声明表示：王泽邦先生的后人从未将王泽邦先生发明的"王老吉"凉茶秘方授予广药集团使用。原告用该证据证明上述宣传用语属于虚假宣传用语。

3. 被告的主要抗辩理由与证据

被告步步高公司的主要抗辩理由是：①"口感"因人而异，原告仅凭口感区分商品的本质，没有法律根据和事实根据。②该公司依法对涉案凉茶的供应商及其产品质量履行了查验义务，不会也不可能去销售明知是不合格的产品。总之，原告的诉请于法无据，请求法院驳回原告的全部诉讼请求。

被告王老吉公司的主要抗辩理由是：①原告不是本案适格的原告，原告的种种行为表明，原告购买涉案凉茶不是为了消费，而是另有目的。[1]②原告的证据是传来证据，不能证明涉案宣传用语是虚假的。③原告没有任何证据证明涉案凉茶有产品质量问题，对其身体造成了实际损害。④消费者的知情权范围有限，不能将所有的信息披露给消费者，这不符合商业惯例。⑤被告有足够的证据证明，涉案凉茶的配方是中国大陆内最正宗的凉茶配方。⑥涉案凉茶没有对原告的名誉权造成损害。总之，被告王老吉公司请求法院驳回原告的全部诉讼请求。

被告广药集团的主要抗辩理由是：①广药集团不是适格的被告，广药集团既不是涉案凉茶的生产者，又不是涉案凉茶的销售者，作为"王老吉"商标的注册人，广药集团仅有质量监督责任，而涉案产品并没有质量问题。②涉案凉茶上的宣传用语具有事实依据，不构成欺诈，原告既没有证据证明王健仪拥有独家秘方，也没有证据证明王老吉公司没有独家秘方。③根据法律、法规的相关规定，知情权的范围不包括独家秘方，法律对此并无强制性规定。

---

[1] 在庭审中，原告明确否认其"另有目的"。另据湖南全觉律师事务所的一位旁听过此案的律师介绍：几年前，原告刘律师曾因喉咙上火，饮用过由加多宝公司生产的、声称传承了凉茶始祖王泽邦先生发明的凉茶秘方的"王老吉"红罐凉茶，发现疗效不错，此后，原告一直将王泽邦先生发明的"王老吉"凉茶作为一种具有清热去火功能的中药饮品对待，平时并不常喝王泽邦先生发明的"王老吉"凉茶，但经常向他人推荐王泽邦先生发明的"王老吉"凉茶，并附带地介绍王泽邦先生曾经用自己发明的凉茶为林则徐等抗英将士治病的事迹。这次原告确实是因喉咙上火才购买涉案凉茶，饮用后发现口感不对，才导致其怀疑涉案凉茶并没有使用王泽邦先生独创的凉茶秘方，并进而起诉被告。这位律师还指出，原告在购买了涉案凉茶的同时，还购买了"加多宝"凉茶，也是冲着王泽邦先生发明的凉茶配方而去的。

从证据看,原告购买了五种不同规格的凉茶,这表明涉案宣传用语并没有妨碍原告作为消费者的选择权。总之,被告广药集团认为原告的人身权、财产权、知情权均没有受到损害,请求法院驳回原告的全部诉讼请求。

为了支持其主张,被告王老吉公司、广药集团还提供了几份20世纪50年代公私合营时,王泽邦先生的后人将其在广州的祖业转移给公私合营后的企业(广药集团的前身之一)的证据,用以证明被告拥有王泽邦先生发明的凉茶秘方。

另需说明的是,在本案庭审的质证环节中,原告虽然不否认被告的上述证据的真实性,但认为上述证据不能证明被告拥有王泽邦先生发明的凉茶秘方。其理由在于:上述证据仅能证明20世纪50年代公私合营时,王泽邦先生的后人将其在广州的有形财产,如厂房、设备等,转移给了公私合营后的企业,至于王泽邦先生发明的凉茶秘方,上述证据只字未提。

4. 一审法院查明的主要事实

经开庭审理,一审法院所查明的主要事实如下:

(1) 原告刘某于2015年4月25日在步步高公司东塘店购买了5种不同规格的凉茶,其中,有3种规格的凉茶为涉案凉茶,价格总计14.8元。涉案凉茶的包装上标注了"独家秘方""民族品牌王老吉,始创于清朝道光年间,已逾百年历史""民族品牌王老吉,始创于1828年,传世180余年"等字样。另外两种规格的凉茶是"加多宝"凉茶。

(2) 王老吉公司为涉案凉茶的委托生产方,广药集团为"王老吉"商标的持有人,并许可王老吉公司使用"王老吉"商标。

5. 一审法院在判决中所持的主要理由

一审法院认为,本案的争议焦点是涉案宣传用语是否侵犯了原告作为消费者所享有的知情权,被告王老吉公司和被告步步高公司的行为是否构成对原告的欺诈,以及被告广药集团是否为本案适格的被告。

关于涉案宣传用语是否侵犯了原告作为消费者所享有的知情权的问题,一审法院认为,根据《消费者权益保护法》第8条的规定,"消费者享有知悉其购买、使用的商品或者接受的服务的真实情况的权利。消费者有权根据商品或者服务的不同情况,要求经营者提供商品的价格、产地、生产者、用途、性能、规格、等级、主要成分、生产日期、有效期限、检验合格证明、使用方法说明书、售后服务,或者服务的内容、规格、费用等有关情况"。可见法律对消费者的知情权范围作了列举式规定，而上述标注用语中的"秘方"不属于消费者的知情权范围，因此，原告以步步高公司和王老吉公司侵害了其作为消费者的知情权为由要求两被告承担侵权责任并无法律依据，本院不予支持。

关于王老吉公司和步步高公司是否构成对原告的欺诈，《消费者权益保护法》第20条规定，"经营者向消费者提供有关商品或者服务的质量、性能、用途、有效期限等信息，应当真实、全面，不得作虚假或者引人误解的宣传"。据原告自述，"王老吉"字号在1828年的清朝道光年间即开始使用，而王老吉公司经"王老吉"商标持有人广药集团许可使用该商标，系合法使用该商标，因此上述标注用语的后两句均为王老吉公司在使用商标的过程中对商标的描述性宣传，且其内容与原告自述并无实质冲突，并未对原告的自主选择造成误导。此外，原告以涉案凉茶与自己前几年曾经喝过的"王老吉"红罐凉茶在口感上存在差异为由，而主张王老吉公司并未采用原告所称的王泽邦在清朝道光年间创立的凉茶秘方，从而构成对原告的欺诈。由于口感差异系饮用人的主观判断，而王老吉公司使用的凉茶秘方属于无须强制性公开的商业秘密，即不属于消费者知情权的范围。原告仅凭所谓的口感差异以及第三方的单方陈述而否认涉案凉茶未采用王泽邦创立的凉茶秘方并无事实依据。此外，原告的该主观想法及其购买涉案商品的同时还购买了同类型其他品牌凉茶的行为，恰恰表明原告在购买商品的过程中进行了充分的选择，即涉案凉茶的标注用语并未产生误导原告进行消费的客观后果。综上，原告并未提交证据证实王老吉公司和步步高公司存在欺诈，原告关于王老吉公司和步步高公司构成欺诈的诉讼主张，本院不予支持。

关于广药集团是否为本案适格的被告。根据《消费者权益保护法》的相关规定，侵犯消费者权益的责任主体为销售者和生产者。本案中，广药集团既非涉案凉茶的生产者，亦非涉案凉茶的销售者，且与原告没有直接的法律关系，因此，原告以"商标商誉归属商标所有人"为由要求广药集团承担相关责任于法无据，本院不予采纳。

6. 一审判决结果

基于上述事实和理由，长沙市雨花区人民法院依照《消费者权益保护法》第8条、第9条、第20条第1款、第40条、第55条，2012年《民事诉讼法》第65条第1款及第144条之规定，作出一审判决，驳回刘某的全部诉讼请求，并承担本案的诉讼费用。[1]

7. 刘某兵的主要上诉理由

刘某兵不服一审判决，以步步高公司和王老吉公司为被上诉人，以广药集团为原审被告，向长沙市中级人民法院上诉，请求长沙市中级人民法院撤销一审判决，依法支持其前述五项诉讼请求。

刘某兵的主要上诉理由是：商业秘密的具体内容与是否拥有商业秘密是两个完全不同的概念，原告从未要求王老吉公司公开其商业秘密的具体内容，商业秘密的具体内容不属于消费者的知情权范围，但王老吉公司在没有使用王泽邦先生独创的凉茶秘方的情况下，却在涉案凉茶的包装上使用了让原告误以为其拥有王泽邦先生独创的凉茶秘方的宣传用语，使原告对涉案凉茶的真实情况产生误认。根据《消费者权益保护法》第 8 条第 1 款的规定，"消费者享有知悉其购买、使用的商品或者接受的服务的真实情况的权利"，王老吉公司侵犯了原告的知情权。

8. 二审法院认定的主要事实、所持主要理由与二审判决结果

经开庭审理，二审法院确认了一审法院所认定的事实，并以王老吉公司生产涉案凉茶取得了合法授权，涉案凉茶没有质量问题，刘某兵在购买涉案凉茶的过程中还选购了同类型的其他品牌凉茶表明上述宣传并未对其自主选择造成误导，刘某兵以口感区分涉案凉茶是否采用了王泽邦先生的凉茶秘方缺乏科学依据等理由，依照《民事诉讼法》第 170 条第 1 款第（一）项之规定，驳回上诉，维持原判。[2]

（二）争议焦点

一审法院曾将本案的争议焦点归纳为涉案宣传用语是否侵犯了原告作为消费者所享有的知情权，被告王老吉公司和被告步步高公司的行为是否构成对原告的欺诈，以及被告广药集团是否为本案适格的被告。

本书认为，一审法院所归纳的争议焦点基本正确。不过，需要强调的是，从本案的整个诉讼过程看，本案核心的争议焦点是：涉案凉茶究竟是否使用了王泽邦先生创立的凉茶秘方？理由如下：

首先，涉案凉茶包装上的宣传用语不仅仅是指向"王老吉"商标的，而

---

[1] 参见长沙市雨花区人民法院民事判决书［2015］雨民初字第 02596 号。
[2] 参见长沙市中级人民法院民事判决书［2016］湘 01 民终 6660 号。

且也是指向凉茶始祖王泽邦先生创立的凉茶秘方的。尽管涉案凉茶包装上并未直接使用王泽邦先生的名字，但是，王泽邦先生作为清朝名医、凉茶始祖和"王老吉"凉茶的创始人的历史地位和被告使用涉案广告用语的方式共同决定了涉案凉茶包装上的宣传用语中的"独家秘方"所指的就是王泽邦先生创立的凉茶秘方。如果涉案凉茶确实使用了王泽邦先生创立的凉茶秘方，则原告刘某的所有诉讼请求均无法律依据。反之，如果涉案凉茶没有使用王泽邦先生创立的凉茶秘方，则涉案凉茶的真实情况与涉案广告用语所宣传的内容不相符合，这就意味着刘某兵作为消费者所享有的知情权确实受到了侵犯。

其次，纵观刘某兵的五项诉讼请求，可以看出，其要害是否定由广药集团授权、由王老吉公司生产的"王老吉"品牌凉茶与王泽邦先生创立的凉茶秘方之间的传承关系，这就不可避免地涉及涉案凉茶究竟是否使用了王泽邦先生创立的凉茶秘方这一争议焦点。

至于广药集团是否为本案适格被告的问题，本书认为，广药集团与本案有着直接的利害关系，这是因为，涉案凉茶究竟是否使用了王泽邦先生创立的凉茶秘方关系到"王老吉"商标的声誉，故法院对这个问题的认定结果会对广药集团的经济利益和商业信誉产生直接的影响。因此，尽管就《消费者权益保护法》的规定而言，广药集团的确不是本案适格的被告，但如果将广药集团排除在本案的诉讼当事人之外，则反而不利于广药集团维护自身的合法权益。反观步步高公司，其实，本案核心的争议焦点与该公司之间的关系不大。事实上，步步高公司在本案中的"作用"是：由于有了该公司作被告，刘某兵便能顺理成章地将王老吉公司和广药集团"请"到长沙。

（三）法院判决评析

以下，本书将结合上述核心争议焦点，对本案一、二审判决进行评析。

本书认为，本案一、二审判决值得商榷，理由如下：

（1）虽然本案是一个消费者维权案，但是，从原告的诉求看，本案最核心的问题在于涉案凉茶是否使用了王泽邦先生创立的凉茶秘方，亦即涉及技术秘密的认定问题。既然涉及技术秘密的认定，就存在一审法院没有管辖权的问题。

（2）在消费者知情权的客体范围的界定问题上，一审判决混淆了"商业秘密的内容"与"涉及商业秘密的宣传方式"之间的界限。毫无疑问，"商业秘密的内容"不是消费者知情权的客体范围，但是，"涉及商业秘密的宣传方式"有可能因严重失实而侵犯消费者的知情权。至于涉案凉茶所采用的宣传方式是否侵犯消费者的知情权，其根本标准是涉案凉茶是否使用了王泽邦先生创立的凉茶秘方。然而，在涉案凉茶究竟是否使用了王泽邦先生创立的凉茶秘方这一关键的问题上，一审判决，事实上也包括二审判决，没有依法予以认定。

（3）一、二审判决均认为，刘某兵的证据不能证明涉案凉茶未使用王泽邦先生创立的凉茶秘方。然而，"未使用王泽邦先生创立的凉茶秘方"是一个消极事实，从诉讼法理上说，主张消极事实的举证证明责任主要由肯定该事实的一方承担，亦即由肯定该事实的一方提供证据证明该事实存在，而否定该事实的一方的证明责任在于否定对方的证据，而不是直接否定该事实。我国现行的民事诉讼法虽未明确规定消极事实的证明责任问题，但 2015 年 1 月 30 日公布实施的《民事诉讼法解释》第 91 条第（一）项明确规定，"主张法律关系存在的当事人，应当对产生该法律关系的基本事实承担举证证明责任"。这一规定充分体现了消极事实的举证证明责任主要由肯定该事实的一方承担这一诉讼法理。需要特别强调的是，即使在《民事诉讼法解释》公布实施之前，消极事实的证明责任主要由肯定该事实的一方承担的诉讼法理也就是在司法实践中得到贯彻的。以申请撤销连续 3 年不使用的注册商标所涉及的行政诉讼程序为例，由于"注册商标连续三年不使用"是一个消极事实，申请人不可能提交证据"直接证明"该注册商标连续 3 年未使用，因此，主要的证明责任由商标注册人承担，亦即由商标注册人提供使用证据，证明其使用了商标。而申请人的举证证明责任则是，在商标注册人提供了使用证据的情况下，通过自己的证据或理由否定该使用证据。具体到本案而言，刘某兵的举证证明责任不在于直接证明涉案凉茶未使用王泽邦先生创立的凉茶秘方，而是以充分的证据或理由否定被告提交的、用以证明涉案凉茶使用了王泽邦先生创立的凉茶秘方的证据。如果刘某兵不能以充分的证据或理由否定被告提交的证据，则可认定涉案凉茶使用了王泽邦先生创立的凉茶秘方。

尤其值得注意的是，被告王老吉公司、广药集团原本提供了几份 20 世纪 50 年代公私合营时，王泽邦先生的后人将其在广州的祖业转移给公私合营后的企业（广药集团的前身之一）的证据，用以证明被告拥有王泽邦先生发明的凉茶秘方——拥有该秘方是使用该秘方的前提，而刘某兵则认为这些证据对王泽邦先生创立的凉茶秘方只字未提。本来，在涉案凉茶究竟是否使用了王泽邦先生创立的凉茶秘方的问题上,这些证据是最有说服力的。然而,令人费解的是,一、二审判决居然对这几份证据避而不谈。

(4)一、二审判决书均认为刘某兵在购买涉案凉茶的过程中还选购了同类型的其他品牌凉茶(一审判决所确认的"加多宝"凉茶),表明涉案宣传用语并未对刘某的自主选择造成误导。本书认为,一、二审判决书所持的这一理由明显不能成立。其原因在于,市场上的凉茶品牌并非只有"王老吉"和"加多宝",但是,直接或间接地宣传其使用了王泽邦先生创立的凉茶秘方的品牌凉茶只有"加多宝"和"王老吉",原告同时购买"加多宝"和"王老吉",这恰恰说明王泽邦先生创立的凉茶秘方对原告的消费意向有重大影响。如果涉案凉茶确实没有使用王泽邦先生创立的凉茶秘方,那么涉案宣传用语无疑会对刘某的消费意向造成误导。

总之,一、二审法院没有就涉案凉茶究竟是否使用了王泽邦先生创立的凉茶秘方这一核心的争议焦点直接作出认定,并且赖以作出判决的其他主要理由过于牵强,这就导致其判决结果值得商榷。此外,一审法院原本不应当对本案行使管辖权。

另需说明的是,尽管本书认为本案的一、二审判决值得商榷,但绝不意味着本书认同原告所主张的涉案凉茶未使用王泽邦先生创立的凉茶秘方的观点。本书认为,广药集团的前身在20世纪50年代与王泽邦先生留在中国大陆的后人合资生产经营包括凉茶在内的多种产品的事实足以推定广药集团传承了王泽邦先生的凉茶秘方。至于涉案凉茶与同样传承了王泽邦先生的凉茶秘方的加多宝凉茶在口感方面有细微差异,这是很正常的,因为两者在传承王泽邦先生凉茶秘方的同时,也各自采用了后续发展的现代工艺。

第三章 Chapter 3
知识产权授权确权行政诉讼

一、引言

知识产权授权确权行政诉讼是知识产权授权行政诉讼和知识产权确权行政诉讼的统称。知识产权授权行政诉讼，是知识产权申请人因不服知识产权复审机关在复审程序中作出的复审决定——驳回知识产权申请（就商标而言包括驳回申请和不予注册）或者维持知识产权审批机关作出的驳回决定，而提起的以知识产权复审机关为被告、以复审决定为被诉行政行为的行政诉讼。知识产权确权行政诉讼，是知识产权权利人，或者知识产权无效宣告请求人，或者撤销知识产权的请求人，对知识产权复审机关作出的宣告知识产权无效或者维持知识产权有效的决定或裁定不服，或者对知识产权复审机关作出的撤销或不予撤销知识产权的决定不服，以知识产权复审机关为被告，以知识产权复审机关宣告知识产权无效或者维持知识产权有效的决定或裁定为被诉行政行为，或者以知识产权复审机关撤销或不予撤销知识产权的决定为被诉行政行为，而提起的诉讼。

知识产权授权行政诉讼和知识产权确权行政诉讼所适用的诉讼法律程序相同，两者所适用的实体法律规范基本相同，但存在细微的区别。例如，并列独立权利要求不符合单一性规定的缺陷，且申请人未能在申请审批程序和复审程序中消除该缺陷，可以导致专利申请被驳回且复审决定维持驳回决定的后果，而该缺陷也是法院在专利授权行政诉讼程序中维持复审决定的理由。然而，如果存在该缺陷的专利申请侥幸获得授权，则在专利权无效宣告程序中，复审决定不得以该缺陷为由宣告专利权无效，同样，在可能发生的后续专利确权行政诉讼程序中，法院也不得以该缺陷为由作出对专利权人不利的判决。

知识产权授权确权行政诉讼具体包括商标授权确权行政诉讼、专利授权确权行政诉讼、集成电路布图设计授权确权行政诉讼和植物新品种授权确权行政诉讼，因集成电路布图设计和植物新品种授权确权行政诉讼方面未检索到相关的法院判决，故本章仅讨论商标授权确权行政诉讼和专利授权确权行政诉讼。

另需说明的是，根据国家知识产权局于2019年2月14日公布的《关于变更业务用章及相关表格书式的公告》，自2019年4月1日起，专利、商标（事实上也包括集成电路布图设计登记申请）审查工作将以国家知识产权局的名义开展，原专利复审委员会、原国家工商行政管理总局商标局、商标评审委员会、商标审查协作中心机构名称不再使用。[1]然而，专利复审委员会、商标评审委员会、商标局等机构的名称仍存在于现行的法律、法规中，特别是全国人大常委会于2019年4月23日第四次修改后的《商标法》仍然保留了商标局、商标复审委员会、工商行政管理部门等机构名称，故本书在具体介绍相关制度时，视具体情况，分别采用下述两种表述方式：

其一，一般性的介绍，特别是依据现行法律、法规的具体条文介绍相关内容时，在现行法律、法规所规定的机构名称之后，以括号的形式注明《关于变更业务用章及相关表格书式的公告》所规定的机构名称。例如，根据《专利法》第46条第2款的规定，对专利复审委员会（国家知识产权局）宣告专利权无效或者维持专利权的决定不服的，可以自收到通知之日起3个月内向人民法院起诉；人民法院应当通知无效宣告请求程序的对方当事人作为第三人参加诉讼。又如，根据《商标法》第34条的规定，对驳回申请、不予公告的商标，商标局（国家知识产权局）应当书面通知商标注册申请人。商标注册申请人不服的，可以自收到通知之日起15日内向商标评审委员会（国家知识产权局）申请复审。

---

[1] 在《关于变更业务用章及相关表格书式的公告》公布之前，商标局和商标评审委员会就已经隶属于国家知识产权局，其全称分别为国家知识产权局商标局、国家知识产权局商标评审委员会，而国家工商行政管理总局则与国家质量监督检验检疫总局、国家食品药品监督管理总局等机构合并组建国家市场监督管理总局，但是，直到2019年3月，在商标注册申请和复审的实践中，申请人收到的官方文件，例如受理通知书、补正通知书、审查意见书等，所加盖的公章仍然是"国家工商行政管理总局商标局"或"国家工商行政管理总局商标评审委员会"。

其二，介绍或引用法院判决书、裁定书的相关内容时，或者介绍在国家知识产权局机构改革前已经发生的事实时，或者直接引用法律、法规的条文时，使用判决书、裁定书所使用的机构名称或者法律、法规所规定的机构名称，不另行注明《关于变更业务用章及相关表格书式的公告》所规定的机构名称。例如，北京知识产权法院判决撤销被告国家知识产权局专利复审委员会作出的第 83552 号复审请求审查决定。又如，依据 2013 年修改前的《商标法》，商标局裁定异议不成立，异议人不服商标局裁定的，可以向商标评审委员会申请复审，并且一旦异议人在法定期限内向商标评审委员会申请复审，就意味着被异议的商标处于尚未被核准注册的状态。

值得注意的是，就机构改革后的国家知识产权局的职能而言，国家知识产权局既是专利申请、商标注册申请和集成电路布图设计登记申请的审批机关，又是相应的复审机关和撤销、无效宣告申请审查机关。在国家知识产权局的内部，专利申请的审批、商标注册申请的审批、集成电路布图设计登记申请的审批及其相应的复审以及撤销或宣告知识产权无效的申请的审查也是分别由不同的职能部门负责的，只不过是在机构改革后，以国家知识产权局的名义统一受理专利申请、商标注册申请、集成电路布图设计登记申请及其相应的复审、撤销、宣告无效申请，并以国家知识产权局的名义作出相应的决定或裁定。以专利复审委员会为例，专利复审委员会一直隶属于国务院专利行政部门（国家知识产权局），在国家知识产权局机构改革后，专利复审委员会的名称已变更为国家知识产权局专利局专利复审和无效审理部，其实际担负的工作没有变化，但不以"专利复审和无效审理部"的名义受理复审和无效宣告申请，而是以国家知识产权局的名义受理复审和无效宣告申请。

二、商标授权确权行政诉讼

（一）商标授权行政诉讼

商标授权行政诉讼，是注册商标申请人因不服商标评审委员会（国家知识产权）在商标驳回复审程序中作出的驳回其商标注册申请的复审决定或者在商标异议复审程序中作出的不予注册的复审决定而提起的以商标评审委员会（国家知识产权局）为被告，以前述复审决定为被诉行政行为的行政诉讼。

1. 不服商标驳回复审决定提起的行政诉讼

（1）驳回申请。商标局（国家知识产权局）受理商标注册申请后，将对商标注册申请进行审查。根据《商标法》第 30 条的规定，申请注册的商标，凡不符合商标法有关规定或者同他人在同一种商品或者类似商品上已经注册的或者初步审定的商标相同或者近似的，由商标局（国家知识产权局）驳回申请，不予公告。另外根据《商标法》第 31 条的规定，两个或者两个以上的商标注册申请人，在同一种商品或者类似商品上，以相同或者近似的商标申请注册的，初步审定并公告申请在先的商标；同一天申请的，初步审定并公告使用在先的商标，驳回其他人的申请，不予公告。

虽然《商标法》第 30 条使用了"凡不符合本法有关规定"这一表述，但是，从商标局（国家知识产权局）审查商标注册申请的实践看，导致商标注册申请被驳回的主要原因是，申请注册的商标（也称为申请商标）与他人在同一种商品或者类似商品上已经注册的或者初步审定的商标（也称为引证商标）相同或者近似，其次则是违反商标第 10 条、第 11 条、第 12 条或者第 16 条第 1 款之规定。[1] 至于商标注册申请违反商标法的其他规定，例如损害他人现有的在先权利、以不正当手段抢先注册他人已经使用并有一定影响的商标等，则一般需要通过商标初步审定公告后的商标异议程序或者商标核准注册之后的无效宣告程序予以解决，亦即由在先权利人或利害关系人在申请商标初步审定公告之日起 3 个月内向商标评审委员会（国家知识产权局）提出商标异议复审申请，或者在申请商标核准注册之后，向商标评审委员会（国家知识产权局）申请宣告该注册商标无效。

值得注意的是，对于不符合商标法规定的商标注册申请，尤其是申请商标与引证商标相同或者近似且申请商标所指定的全部商品均与引证商标所核定使用商品属于同一种或类似商品的商标注册申请，商标局（国家知识产权局）通常会直接驳回商标注册申请，一般不会发出审查意见书给申请人以陈述意见的机会，而《商标法》及其实施条例和《商标审查及审理标准》也没有规定商标局（国家知识产权局）在作出驳回决定前必须给申请人发出审查意见书，给申请人以陈述意见的机会，这与专利申请的审批程序——作出驳回决定前告知驳回的理由并至少给申请人一次陈述意见和/或修改申请文件的

---

[1] 从笔者在两家商标代理机构调研所了解的情况看，在 2014 年到 2018 年 5 年期间，由于与引证商标近似而被驳回的商标注册申请分别占这两家代理机构所代理的被驳回的商标申请的 93.3% 和 94.1%。而所谓与引证商标近似，多为申请商标的局部、甚至非显著性部分与引证商标近似，而不是申请商标与引证商标在整体上近似。由此可见，商标局对商标近似的判断标准非常宽泛。

机会——是不同的。

　　当然，商标注册申请的审批程序也有例外的规定。根据《商标法》第 29 条的规定，在审查过程中，商标局认为商标注册申请内容需要说明或者修正的，可以要求申请人做出说明或者修正；申请人未做出说明或者修正的，不影响商标局做出审查决定。另据《商标法实施条例》第 23 条的规定，商标局（国家知识产权局）认为对商标注册申请内容需要说明或者修正的，申请人应当自收到商标局（国家知识产权局）通知之日起 15 日内作出说明或者修正。针对《商标法》第 29 条的适用问题，由原国家工商行政管理总局批准的、目前仍然有效的《商标审查及审理标准》第十一部分作了较为详细的规定。根据《商标审查及审理标准》第十一部分的相关规定，审查意见书是商标局认为商标注册申请违反《商标法》的有关规定，但是具有符合例外规定的可能性等情形，要求申请人在法定期限内对商标注册申请作出说明或者修正，补充符合适用例外规定等证据材料的程序。审查意见书适用于下列情形：①具有符合《商标法》第 10 条第 1 款第（二）（三）（四）项、第 2 款但书规定可能性的，经申请人说明可能准予初步审定的。②在报纸、杂志、期刊、新闻刊物等特殊商品上申请注册含有国名、县级以上行政区划名，需申请人提供相关证据材料，如期刊出版许可证等。③具有符合《商标法》第 11 条第 2 款规定可能性的，经申请人说明可能准予初步审定的；商标注册申请为颜色组合商标或者声音商标并且据申请文件尚不足以确认其具有显著特征，经申请人再行补充使用证据说明其经过长期使用获得显著特征后，可能予以初步审定的；商标注册申请包含非显著部分并且因此不应予以初步审定，经申请人修正后可能准予初步审定的。[1]④确有必要使用的其他情形。

---

　　[1] 修正商标注册申请与修改申请商标是两个完全不同的概念。申请人修正其商标注册申请的，可以声明放弃商标非显著部分的专用权，但不得对商标本身进行修改。例如，申请人针对其生产的大米申请注册"某某大米"商标，如果其中的"某某"具有显著性，且不违反商标法的其他规定，则该申请人可以通过声明放弃申请商标中的"大米"（亦即申请商标的非显著部分）的专用权而使该申请商标获准注册。又如，申请商标是一个由图形、中文和拼音字母组合而成的商标，如果其中的拼音字母与引证商标相同或近似，商标局（国家知识产权局）就会以申请商标与引证商标相同为由驳回该申请，而申请人也不能在提交申请后以修改申请商标的方式，例如删除申请商标中的拼音字母，使其申请商标获准注册。总之，商标注册申请一旦提交，申请人就不得对其申请商标本身作任何修改，这与专利申请是不同的。

上述规定中的第④项所规定的"其他情形",由审批机关在个案中确定。例如,根据《商标法》第 12 条的规定,以三维标志申请注册商标(立体商标)的,仅由商品自身的性质产生的形状、为获得技术效果而需有的商品形状或者使商品具有实质性价值的形状,不得注册。从商标局以往的审查实践看,针对以三维标志申请注册商标的审查,如果商标局怀疑但不确定该三维标志为获得技术效果而需有的商品形状或者使商品具有实质性价值的形状,则会向申请人发出审查意见书,要求申请人作出说明。

对于上述需要发出审查意见书的情形,如果商标局(国家知识产权局)没有发出审查意见书,而是直接驳回商标注册申请,则在后续的复审乃至行政诉讼程序中,申请人可以将商标局(国家知识产权局)未发出审查意见书作为其申请复审乃至提起行政诉讼的理由之一提出。

另外,商标注册申请也可能存在某些形式缺陷,对形式缺陷,商标局(国家知识产权局)会发出补正通知书,给申请人以补正的机会,而不是直接驳回申请。

(2)驳回申请的行政救济程序。根据《商标法》第 34 条的规定,对驳回申请、不予公告的商标,商标局(国家知识产权局)应当书面通知商标注册申请人。商标注册申请人不服的,可以自收到通知之日起 15 日内向商标评审委员会(国家知识产权局)申请复审。商标评审委员会(国家知识产权局)应当自收到申请之日起 9 个月内作出决定,并书面通知申请人。有特殊情况需要延长的,经国务院工商行政管理部门(国家知识产权局)批准,可以延长 3 个月。

根据《商标法实施条例》第 52 条的规定,商标评审委员会(国家知识产权局)审理不服商标局(国家知识产权局)驳回商标注册申请决定的复审案件,应当针对商标局(国家知识产权局)的驳回决定和申请人申请复审的事实、理由、请求及评审时的事实状态进行审理。商标评审委员会(国家知识产权局)审理不服商标局(国家知识产权局)驳回商标注册申请决定的复审案件,发现申请注册的商标有违反《商标法》第 10 条、第 11 条、第 12 条和第 16 条第 1 款规定情形,商标局(国家知识产权局)并未依据上述条款作出驳回决定的,可以依据上述条款作出驳回申请的复审决定。商标评审委员会(国家知识产权局)作出复审决定前应当听取申请人的意见。

经审查,如果商标评审委员会(国家知识产权局)认为申请人申请复审的事实和理由成立，且未发现申请商标有违反《商标法》第10条、第11条、第12条和第16条第1款规定情形的，商标评审委员会（国家知识产权局）将对申请商标作出予以初步审定的决定并由商标局（国家知识产权局）予以公告；[1] 如果商标评审委员会（国家知识产权局）认为申请人申请复审的事实和理由不成立，或者发现申请商标有违反《商标法》第10条、第11条、第12条和第16条第1款规定情形的，商标评审委员会（国家知识产权局）将对申请商标作出驳回决定。[2]

《商标法实施条例》第52条的规定表明，商标评审委员会（国家知识产权局）在商标驳回复审程序中所作出的复审决定与商标局（国家知识产权局）在商标申请审批程序中所作出的驳回决定之间的关系并非行政复议与行政决定之间的关系。商标驳回复审程序既是申请人对驳回决定不服而启动的救济程序，又是商标注册申请审批程序的延续。商标评审委员会（国家知识产权局）在商标驳回复审程序中需要充分考虑评审时的事实状态。所谓评审时的事实状态主要是指，商标局（国家知识产权局）以申请注册的商标与引证商标相同或者近似为由作出驳回决定，而在商标评审委员会（国家知识产权局）基于申请人的请求而启动的商标驳回复审程序中，据以作出驳回决定的引证商标被依法撤销、注销或者被宣告无效，或者引证商标注册人与申请人订立了将引证商标转让给注册商标申请人的合同并且向商标局（国家知识产权局）提交转让引证商标的申请，或者申请人向商标评审委员会（国家知识产权局）提交了其与引证商标的注册人订立的商标共存协议或者提交了引证商标的注册人出具的同意申请注册的商标与引证商标共存的声明。

在引证商标被注销、撤销或者宣告无效的情况下，或者引证商标注册人与申请人订立了将引证商标转让给注册商标申请人的合同并且向商标局提交转让引证商标的申请的情况下，如果商标评审委员会（国家知识产权局）在驳回复审程序中未发现申请注册的商标还存在违反《商标法》第10条、第11

---

[1] 在效果上相当于撤销了商标局（国家知识产权局）在商标注册申请审查程序中作出的驳回决定，所不同的是，不是由商标局（国家知识产权局）重新作出审查决定，而是由商标局（国家知识产权局）根据复审决定对申请商标予以公告（初步审定公告）。这与专利申请也是不同的。

[2] 在效果上相当于维持了商标局（国家知识产权局）在商标注册申请审查程序中作出的驳回决定。

条、第 12 条和第 16 条第 1 款规定情形的，商标评审委员会（国家知识产权局）将对申请商标作出予以初步审定并由商标局（国家知识产权局）予以公告的决定。

值得注意的是，引证商标被注销、撤销或者宣告无效也涉及《商标法》第 50 条的适用问题。根据《商标法》第 50 条的规定，注册商标被撤销、被宣告无效或者期满不再续展的，自撤销、宣告无效或者注销之日起 1 年内，商标局（国家知识产权局）对与该商标相同或者近似的商标注册申请，不予核准。不过，《商标法》第 50 条关于"商标局对相同或者近似的商标注册申请不予核准"的规定与驳回该商标注册申请是两个完全不同的法律规定，在申请注册的商标不存在其他可导致申请被驳回的理由的情况下，引证商标被撤销、宣告无效或者注销就意味着导致商标注册申请被驳回的障碍已消除，只是商标局（国家知识产权局）需要经过一定期限后才能对申请注册的商标作出核准注册的决定。

至于申请人在复审程序中提交了其与引证商标的注册人订立的商标共存协议或者提交了引证商标的注册人同意申请商标与引证商标共存的声明，能否导致商标评审委员会（国家知识产权局）对申请商标作出予以初步审定的决定，对此，现行商标法没有就此作出规定。而《商标法实施条例》第 31 条第 2 款关于"转让注册商标，商标注册人对其在同一种或者类似商品上注册的相同或者近似的商标未一并转让的，由商标局通知其限期改正；期满未改正的，视为放弃转让该注册商标的申请，商标局应当书面通知申请人"的规定所体现的法理则表明，该条例对不同的注册人关于同一种或者类似商品分别就相同或者近似的商标享有专用权持否定态度。当然，这只是问题的一方面，问题的另一方面是，商标近似与商品类似的判定具有一定的弹性空间，并且在不同的驳回复审案件中，申请商标与引证商标彼此之间的近似程度，以及申请商标所指定的商品与引证商标所核定使用的商品之间的类似程度或关联程度也是有所区别的。特别是，根据《商标民事纠纷案件解释》第 10 条、第 11 条的规定，商标近似与商品类似的判定需要充分考虑各种与混淆有关的因素，而不是孤立地通过标识的比对来判定商标的近似——尽管标识的比对的确是判定商标是否近似的基本方法，也不是简单地依据《商标注册用商品和服务国际分类表》《类似商品与服务区分表》判定商品是否类似——尽管《商标注册用商品和服务国际分类表》《类似商品与服务区分表》的确是商标局判定商品是否类似的主要依据。换句话说，判定商标近似与商品类似的根本目的是为了防止混淆。虽然《商标民事纠纷案件解释》第 10 条、第 11 条所针对的是侵权案件中的商标近似与商品类似的判定，但是，侵权案件中的商标近似与商品类似的判定与注册申请阶段的商标近似与商品类似的判定不应当有本质的区别。而商标共存协议或者声明也能在一定程度上说明：至少就引证商标的注册人而言，申请商标的注册与使用不会导致申请商标与引证商标之间的混淆，因此，可以将商标共存协议或者声明作为判定是否会产生混淆的考量因素予以对待。另据一位商标代理人介绍，其代理商标申请人与引证商标注册人所签订的商标共存协议会明确约定防止混淆的具体办法，例如在商品上附加其他显著性标识等。

总之，申请人在商标驳回复审程序中所提交的商标共存协议或者声明是否能产生申请人所期待的积极效果，是一个需要在个案中结合混淆的可能性予以认定的问题，不能一概而论。例如，有的申请人通过提交商标共存协议，得到了商标评审委员会的支持。[1]有的申请人在经历了驳回复审和行政诉讼的一审、二审和再审后，得到了最高人民法院的支持。[2]当然，最高人民法院于 2016 年针对再审申请人谷歌公司与被申请人国家工商行政管理总局商标评审委员会商标驳回复审行政纠纷案的判决也只是个案，并不意味着只要有了商标共存协议，就能确保申请商标最终获准注册。在申请商标与引证商标高度近似且指定使用的商品类似的情况下，如果没有其他消除混淆的合理理由，即使申请人在商标驳回复审程序中向商标复审机关提交了商标共存协议或者声明，也不会产生申请人所期待的积极效果。[3]

（3）驳回申请的司法救济程序。根据《商标法》第 34 条的规定，复审申

---

〔1〕 参见关于第 20668534 号"司空钱包"商标驳回复审决定书，国家工商行政管理总局商标评审委员会商评字〔2017〕第 0000138517 号。

〔2〕 参见再审申请人谷歌公司与被申请人国家工商行政管理总局商标评审委员会商标驳回复审行政纠纷案，中华人民共和国行政判决书最高人民法院〔2016〕最高法行再 103 号。

〔3〕 参见关于第 17971918 号"艾利尔"商标驳回复审决定书，国家工商行政管理总局商标评审委员会商评字〔2017〕第 40690 号；美艾利尔瑞士公司与国家工商行政管理总局商标评审委员会二审行政判决书，北京市高级人民法院〔2018〕京行终 257 号。另参见关于国际注册第 1035163 号图形商标驳回复审决定，国家工商行政管理总局商标评审委员会商评字〔2017〕第 0000157081 号；俪满贸易有限公司与国家工商行政管理总局商标评审委员会一审行政判决书，北京知识产权法院〔2018〕京 73 行初 4435 号。

请人,亦即商标注册申请人,对商标评审委员会(国家知识产权局)作出的驳回商标注册申请的复审决定不服的,可以自收到通知之日起以商标评审委员会(国家知识产权局)为被告,以驳回商标注册申请的复审决定为被诉行政行为,向人民法院起诉。具体地说,自2014年11月6日起,向北京知识产权法院起诉,而在此之前则是向北京市第一中级人民法院起诉。

一审法院的判决包括驳回诉讼请求(维持复审决定)和撤销复审决定并判令商标复审机关重新作出复审决定两种结果。商标注册申请人对一审法院驳回其诉讼请求的判决不服的,可以自判决书送达之日起15日内向北京市高级人民法院提起上诉。商标评审委员会(国家知识产权局)对一审法院撤销复审决定判决不服的,可以自判决书送达之日起15日内向北京市高级人民法院提起上诉。

商标注册申请人或者商标评审委员会(国家知识产权局)认为北京市高级人民法院的终审判决确有错误的,可以向最高人民法院申请再审。

2. 不服商标不予注册复审决定提起的行政诉讼

(1)商标注册申请的初步审定公告。《商标法》第28条规定:"对申请注册的商标,商标局应当自收到商标注册申请文件之日起九个月内审查完毕,符合本法有关规定的,予以初步审定公告。"

《商标法》第28条所谓"符合本法有关规定的",应理解为商标局(国家知识产权局)在商标注册申请审批程序中经审查未发现申请注册的商标违反商标法的有关规定,亦即未发现申请注册的商标存在驳回申请的缺陷,而不是申请注册的商标一定符合商标法的有关规定。其实,经商标局(国家知识产权局)初步审定公告的商标未必都符合商标法的有关规定,故针对初步审定公告的商标,商标法设置了商标异议程序。

申请注册的商标的初步审定公告包括两种情形:其一,商标局(国家知识产权局)经审查未发现申请注册的商标存在应当驳回注册申请的缺陷,决定对该商标予以初步审定公告;其二,商标局(国家知识产权局)经审查认为申请注册的商标存在应当驳回该注册申请的缺陷,决定驳回申请,不予公告,申请人不服驳回决定,向商标评审委员会(国家知识产权局)申请复审,商标评审委员会(国家知识产权局)的复审决定(包括经过司法程序后重新作出的复审决定)支持申请人的请求,决定对申请注册的商标(驳回复审商标)予以初步审定,并由商标局(国家知识产权局)予以公告。根据《商标法》第 33 条的规定，申请注册的商标自初步审定公告之日起满 3 个月无异议的，予以核准注册，发给商标注册证，并予公告。

（2）商标异议及其审查决定。商标异议是商标法为了防止不符合注册条件的商标被核准注册而设置的纠错程序。根据《商标法》第 33 条的规定，当初步审定的商标仅损害特定人的权益时，亦即初步审定的商标违反《商标法》第 13 条第 2 款和第 3 款、第 15 条、第 16 条第 1 款、第 30 条、第 31 条、第 32 条规定的，只有在先权利人或利害关系人才能提出异议；当初步审定的商标属于禁用标志、不具有显著性的标志或者会造成不良影响的标志，或者属于商标代理机构超出商标代理服务范围之外为自己申请注册的商标，或者该商标注册申请属于不以使用为目的的恶意商标注册申请，亦即违反《商标法》第 4 条、第 10 条、第 11 条、第 12 条、第 19 条第 4 款规定的，任何人均可提出异议。

另需说明的是，依据 2013 年修改前的《商标法》第 30 条之规定，对初步审定的商标，自公告之日起 3 个月内，任何人均可以提出异议。由于实践中出现了不少恶意异议的情况，2013 年修改后的《商标法》第 33 条对异议人的资格进行了限制，并非任何人在任何情况下都可以对初步审定的商标提议。具体地说，依据 2013 年修改后的《商标法》，只有当初步审定的商标违反《商标法》第 10 条、第 11 条、第 12 条之规定时，"任何人"才可提出异议，否则只有在先权利人或者利害关系人才可提出异议。另外，鉴于不以使用为目的的恶意商标注册申请现象较为严重，2019 年修改后的《商标法》第 4 条增加了"不以使用为目的的恶意商标注册申请，应当予以驳回"的规定，而 2019 年修改后的《商标法》第 33 条也相应地将注册申请违反《商标法》第 4 条的规定作为任何人均可提出异议的一种情形予以规定。

值得注意的是，2013 年修改前的《商标法》在异议成立与否的问题上使用了"裁定"这一术语，而 2013 年修改后的《商标法》则使用"决定"这一术语。另外，依据 2013 年修改前的《商标法》，商标局裁定异议不成立，异议人不服商标局裁定的，可以自收到通知之日起 15 日内向商标评审委员会申请复审，并且一旦异议人在法定期限内向商标评审委员会申请复审，就意味着被异议的商标处于尚未被核准注册的状态。而依据 2013 年修改后的《商标法》，商标局（国家知识产权局）经审查异议不成立，决定准予商标注册的，异议人不能针对商标局（国家知识产权局）的决定向商标评审委员会（国家知识产权局）申请复审，而只能请求商标评审委员会（国家知识产权局）宣告注册商标无效，而宣告注册商标无效的前提则是该被异议的商标已经获准注册。另需说明的是，2019年修改后的《商标法》除了将违反《商标法》第4条，亦即不以使用为目的的恶意商标注册申请，作为任何人均可提出异议的一种情形予以规定外，未就商标异议作其他修改。

根据《商标法》第35条第1款的规定，对初步审定公告的商标提出异议的，商标局（国家知识产权局）应当听取异议人和被异议人陈述事实和理由，经调查核实后，自公告期满之日起12个月内做出是否准予注册的决定，并书面通知异议人和被异议人。有特殊情况需要延长的，经国务院工商行政管理部门（国家知识产权局）批准，可以延长6个月。从商标局审查商标异议申请的实践看，商标局主要是针对异议人提交的《商标异议申请书》所陈述的事实和理由，以及被异议人（初步审定公告的商标注册申请人）通过书面答辩所陈述的事实和理由进行审查，这也是符合《商标法》第35条第1款之规定的。当然，商标局的审查范围并不绝对局限于异议人和被异议人所陈述的事实和理由。例如，在异议人天津市××工贸有限公司申请商标局对被异议人天津市××电动车有限公司初步审定公告的第5606204号"××电动车天津市××电动车有限公司"商标（以下简称"被异议商标"）不予注册一案中，异议人在其提交的《商标异议申请书》中所陈述的事实和理由是，被异议商标违反当时的《商标法》（2001年）第31条（现行《商标法》第32条）的规定，亦即以不正当手段抢注他人使用在先并具有一定影响的商标，而商标局并未就被异议人是否违反当时的《商标法》（2001年）第31条的规定进行审查，而是以被异议商标违反《商标法》第10条第1款第（八）项为由，决定对被异议商标不予注册。[1]由于《商标法》第10条第1款第（八）项属于商标注册申请被驳回的绝对理由，并且对违反《商标法》第10条第1款第（八）项的已注册的商标，商标局可依职权宣告无效（2013年修改前的《商标法》谓之撤销），因此，在被异议商标确实违反《商标法》第10条第1款第（八）项规定的情况下，商标局的上述裁定并无不当。当然，商标局关于对被异议商

---

〔1〕 参见"××电动车天津市××电动车有限公司"商标异议裁定书，国家工商行政管理总局商标局〔2011〕商标异字第25906号。

标违反《商标法》第 10 条第 1 款第（八）项规定的观点本身也是值得商榷的。[1]

商标局（国家知识产权局）针对商标异议的审查决定包括准予注册和不予注册两种结果。根据《商标法》第 35 条第 2 款的规定，商标局（国家知识产权局）做出准予注册决定的，发给商标注册证，并予公告。异议人不服的，可以依照《商标法》第 44 条、第 45 条的规定向商标评审委员会（国家知识产权局）申请宣告该注册商标无效。另据《商标法》第 36 条第 2 款的规定，经审查异议不成立而准予注册的商标，商标注册申请人取得商标专用权的时间自初步审定公告 3 个月期满之日起计算。[2]自该商标公告期满之日起至准予注册决定做出前，对他人在同一种或者类似商品上使用与该商标相同或者近似的标志的行为不具有追溯力；但是，因该使用人的恶意给商标注册人造成的损失，应当给予赔偿。

（3）不予注册决定的行政救济程序。根据《商标法》第 35 条第 3 款的规定，被异议人，亦即被异议商标的注册申请人，不服商标局（国家知识产权局）做出的不予注册决定，可以自收到通知之日起 15 日内向商标评审委员会（国家知识产权局）申请复审。商标评审委员会（国家知识产权局）应当自收到申请之日起 12 个月内作出复审决定，并书面通知异议人和被异议人。有特殊情况需要延长的，经国务院工商行政管理部门（国家知识产权局）批准，可以延长 6 个月。商标评审委员会（国家知识产权局）的复审决定包括准予注册和不予注册两种情形。复审决定准予注册的，由商标局（国家知识产权局）发给商标注册证，并予公告（授权公告）。

（4）不予注册复审决定的司法救济程序。根据《商标法》第 35 条第 3 款的规定，被异议人，亦即被异议商标的注册申请人，对商标评审委员会（国家知识产权局）做出的不予注册的复审决定不服的，可以自收到通知之日起

---

[1] 参见关于第 5606204 号"××电动车天津市××电动车有限公司"商标异议复审裁定书，国家工商行政管理总局商标评审委员会作出商评字［2013］第 34655 号。商标评审委员会认为被异议商标不属于有害于社会主义道德风尚或者产生其他不良影响的标志，从而对被异议商标作出了准予注册的复审决定。

[2] 商标注册申请自初步审定公告后，无论是否有人提出异议，只要最终获得商标专用权，商标的核准注册之日均为自初步审定公告 3 个月期满之日。尤其需要注意的是，对于经历了异议程序的商标注册申请来说，商标的"核准注册之日"与商标局"作出准予注册的决定之日"不是同一个概念。

30日内,以商标评审委员会(国家知识产权局)为被告,不予注册的复审决定为被诉行政行为,向人民法院起诉,人民法院应当通知异议人作为第三人参加诉讼。具体地说,自2014年11月6日起,向北京知识产权法院起诉,而在此之前则是向北京市第一中级人民法院起诉。

一审法院的判决包括驳回诉讼请求(维持不予注册的复审决定)和撤销不予注册的复审决定并判令商标评审委员会(国家知识产权局)重新作出复审决定两种结果。

被异议商标的注册申请人对一审法院驳回其诉讼请求的判决不服的,可以自判决书送达之日起15日内向北京市高级人民法院提起上诉,异议人可以作为第三人参加二审。

异议人对一审法院撤销不予注册的复审决定的判决不服的,可以自判决书送达之日起15日内向北京市高级人民法院提起上诉。

商标评审委员会(国家知识产权局)对一审法院撤销其不予注册的复审决定的判决不服的,可以自判决书送达之日起15日内向北京市高级人民法院提起上诉;异议人如果未提起上诉,则作为第三人参加二审。

被异议商标的注册申请人、商标评审委员会(国家知识产权局)或者异议人认为北京市高级人民法院的终审判决确有错误的,可以向最高人民法院申请再审。

另需说明的是,自2013年修改后的《商标法》于2014年5月1日起施行后,异议人对商标评审委员会(国家知识产权局)作出的准予被异议商标注册的复审决定不服的,可以向商标评审委员会(国家知识产权局)申请宣告该注册商标无效,但不能以商标评审委员会(国家知识产权局)为被告,以准予被异议商标注册的复审决定为被诉行为,向北京知识产权法院起诉。此外,根据《商标评审规则》第30条的规定,商标评审委员会(国家知识产权局)受理原异议人请求宣告注册无效的申请后,应当另行组成合议组对无效宣告请求进行审查。

(二)商标确权行政诉讼

商标行政确权诉讼,是注册商标专用权人(也称为商标注册人),或者注册商标的无效宣告请求人,或者撤销注册商标的请求人,对商标评审委员会(国家知识产权局)在无效宣告程序中作出的宣告注册商标无效或者维持注册商标的决定或裁定不服,或者对商标评审委员会(国家知识产权局)在复审程序中作出的撤销或不予撤销注册商标的决定不服，以商标评审委员会（国家知识产权局）为被告，以前述决定或裁定为被诉行政行为，而提起的行政诉讼。简而言之，商标行政确权诉讼是基于注册商标专用权的消灭或维持而产生的行政诉讼。

注册商标专用权的消灭包括注册商标的注销、撤销和宣告无效三种类型。2013年修改前的《商标法》未使用注册商标的宣告无效这一概念，而是将注册商标的撤销和宣告无效统称为撤销。2013年修改后的《商标法》将注册商标的撤销分解为撤销和宣告无效两种类型，在立法上更加严谨。2019年修改后的《商标法》未就此做进一步修改。

注销（包括注销商标在部分指定商品或服务上的注册）是注册商标专用权的正常终止，导致注册商标被注销的原因是商标注册人在注册商标期满后的宽展期内未按规定申请续展或者商标注册人注册商标期满前主动申请注销其注册商标。

撤销（包括撤销商标在部分指定商品或服务上的注册）是因为注册商标使用不当，或者成为其核定使用的商品的通用名称，或者无正当理由连续3年不使用而导致的注册商标专用权的非正常终止。注册商标被撤销的，其专用权自商标局（国家知识产权局）公告之日起终止。

宣告无效（包括宣告商标在部分指定商品或服务上的注册无效）是因为注册商标所涉及的标识本身违法（例如某些标志本身不能作为商标注册或使用），或者申请商标的行为违法（例如以不正当手段抢先注册他人已经使用并具有一定影响的商标）而导致的商标专用权被视为自始即不存在的情形。

针对注册商标的撤销和宣告无效，商标法规定了相应的行政救济和司法救济程序。与撤销和宣告无效不同，由于注销的原因是商标注册人未申请续展甚至主动申请注销其注册商标，故商标法未针对注册商标的注销规定相应的行政和司法救济程序。不过，实践中也存在注册商标专用权人在注册商标期满后的宽展期内提交了续展申请，但续展申请未被核准，从而导致其注册商标被注销的情况。虽然商标法没有针对这种情况规定相应的救济程序，但是，该被注销的注册商标的原注册人可以依据行政复议法的规定，向商标评审委员会（国家知识产权局）申请行政复议，对行政复议决定不服的，还可以向人民法院起诉。

1. 不服撤销或不予撤销注册商标的复审决定而提起的行政诉讼

（1）商标局（国家知识产权局）依职权撤销注册商标。根据《商标法》第49条第1款的规定，商标注册人在使用注册商标的过程中，自行改变注册商标、注册人名义、地址或者其他注册事项的，由地方工商行政管理部门（市场监督管理局或者知识产权局）责令限期改正；期满不改正的，由商标局（国家知识产权局）撤销其注册商标。

（2）申请商标局（国家知识产权局）撤销注册商标。根据《商标法》第49条第2款的规定，注册商标成为其核定使用的商品的通用名称或者没有正当理由连续3年不使用的，任何单位或者个人可以向商标局（国家知识产权局）申请撤销该注册商标。商标局（国家知识产权局）应当自收到申请之日起9个月内做出决定。有特殊情况需要延长的，经国务院工商行政管理部门（国家知识产权局）批准，可以延长3个月。

根据《商标法实施条例》第66条的规定，有《商标法》第49条规定的注册商标无正当理由连续3年不使用情形的，任何单位或者个人可以向商标局申请撤销该注册商标，提交申请时应当说明有关情况。商标局受理后应当通知商标注册人，限其自收到通知之日起2个月内提交该商标在撤销申请提出前使用的证据材料或者说明不使用的正当理由；期满未提供使用的证据材料或者证据材料无效并没有正当理由的，由商标局撤销其注册商标。

前款所称使用的证据材料，包括商标注册人使用注册商标的证据材料和商标注册人许可他人使用注册商标的证据材料。

以无正当理由连续3年不使用为由申请撤销注册商标的，应当自该注册商标注册公告之日起满3年后提出申请。

另据《商标法实施条例》第67条的规定，《商标法》第49条规定的正当理由是指：①不可抗力；②政府政策性限制；③破产清算；④其他不可归责于商标注册人的正当事由。

商标局（国家知识产权局）受理申请人撤销连续3年不使用注册商标的申请后，将连同《撤销连续三年不使用注册商标申请书》附件和《关于提供注册商标使用证据的通知》一并发送给商标注册人，要求商标注册人在指定期限内（收到通知之日起2个月内，以发文日加15日推定为收到通知之日）提供注册商标在指定的3年期限内——以申请人提出撤销注册商标的申请日为截止日期向前倒推3年——的使用证据或者陈述未使用注册商标的正当理由。商标注册人收到通知之日起 2 个月内，不提供使用证据材料，也不陈述未使用注册商标的正当理由的，将承担不利后果。[1]

粗略地说，对于他人申请商标局（国家知识产权局）撤销注册商标的，商标局（国家知识产权）的审查决定包括撤销注册商标和不予撤销注册商标（也称为维持注册商标）两种结果。所谓粗略地说，是指就注册商标所核定使用的某个类似群（大类中的小类，例如第十九类中的 01 类，也称为 1901 类似群）的商品或服务而言，商标局（国家知识产权局）的决定只能是撤销注册商标或者不予撤销注册商标，二者必居其一。而实际上，不少注册商标所核定使用的商品或服务往往会涵盖同一大类中的多个类似群，例如 2501 类似群、2502 类似群、2503 类似群等。如果在以连续 3 年不使用为由申请撤销注册商标的程序中（俗称"撤三"），商标注册人有证据表明其确实针对 2501 类似群中的某种核定使用的商品进行了使用，但没有针对 2502 类似群、2503 类似群等其他类似群的商品使用其注册商标，则商标局（国家知识产权局）将撤销该注册商标在 2502、2503 等类似群的注册，但对于该商标在 2501 类似群的注册，则不予撤销。即便该注册商标所核定使用的 2501 类似群中的商品在两种以上，而实际上该注册商标仅用于其中的一种商品，商标局（国家知识产权局）也不会针对 2501 类似群中的其他未使用商品，撤销该注册商标。

（3）不服撤销或不予撤销注册商标决定的行政救济程序。无论是商标局（国家知识产权局）依职权主动作出撤销注册商标的决定，还是商标局（国家知识产权局）根据他人的申请作出撤销或不予撤销商标注册的决定，当事人（商标注册人或者撤销注册商标的申请人）均可针对商标局（国家知识产权局）的决定向商标评审委员会（国家知识产权局）申请复审。根据《商标法》第 54 条的规定，商标注册人对商标局（国家知识产权局）撤销其注册商标的决定不服的，或者撤销注册商标的申请人对商标局（国家知识产权局）不予撤销注册商标的决定不服的，可以自收到通知之日起 15 日内向商标评审委员会（国家知识产权局）申请复审；商标评审委员会（国家知识产权局）

---

[1] 多年来，商标局或商标评审委员会邮寄给行政相对人的各种通知均是以发文日加 15 日（从发文日的第二天开始向后延续 15 日）作为推定行政相对人收到通知之日。但是，从北京市高级人民法院 [2014] 高行终字第 719 号行政判决书所体现的法理看，如果行政相对人没有实际收到商标局或商标评审委员会邮寄的通知，以致丧失按照通知的要求提供材料或陈述意见并因此而承担不利后果的话，法院将撤销商标局或商标评审委员会的决定或裁定，并判令其重新作出决定或裁定。

应当自收到申请之日起9个月内做出决定,并书面通知当事人;有特殊情况需要延长的,经国务院工商行政管理部门(国家知识产权局)批准,可以延长3个月。

商标评审委员会(国家知识产权局)在撤销注册商标的复审程序中所作出的复审决定包括撤销注册商标和不予撤销注册商标两种情形。根据《商标法》第55条的规定,法定期限届满,商标注册人对商标局(国家知识产权局)做出的撤销注册商标的决定不申请复审或者对商标评审委员会(国家知识产权局)做出的撤销注册商标的复审决定不向人民法院起诉的,撤销注册商标的决定、复审决定生效;被撤销的注册商标,由商标局(国家知识产权局)予以公告,该注册商标专用权自公告之日起终止。

(4)不服撤销或不予撤销注册商标决定的司法救济程序。根据《商标法》第54条的规定,商标注册人对商标评审委员会(国家知识产权局)撤销注册商标的复审决定不服的,或者撤销注册商标的申请人对商标评审委员会(国家知识产权局)不予撤销注册商标的复审决定不服的,可以自收到通知之日起30日内向人民法院起诉。具体地说,自2014年11月6日起,向北京知识产权法院起诉,而在此之前则是向北京市第一中级人民法院起诉。

在商标注册人以商标评审委员会(国家知识产权局)为被告而提起的行政诉讼中,如果撤销注册商标的行政程序是因他人的申请而启动的,则撤销注册商标的申请人以第三人的身份参加诉讼。

在撤销注册商标的申请人以商标评审委员会(国家知识产权局)为被告而提起的行政诉讼中,商标注册人(也称为复审商标的被申请人)以第三人的身份参加诉讼。

粗略地说,一审法院的判决包括维持复审决定和撤销复审决定并判令商标复审机关重新作出复审决定两种结果。所谓粗略地说,是指就涉案注册商标所核定使用的某个类似群而言,一审法院的判决要么维持复审决定,要么撤销复审决定,二者必居其一。在涉案注册商标涉及多个类似群的情况下,一审法院的判决也可能会维持一部分复审决定,撤销另一部分复审决定,并判令商标评审委员会(国家知识产权局)针对另一部分复审决定所涉及的类似群重新作出审查决定。

撤销注册商标的申请人对一审法院撤销商标评审委员会(国家知识产权局)作出的撤销注册商标的决定的判决不服的,或者对一审法院维持商标评审委员会（国家知识产权局）作出的不予撤销注册商标的决定的判决不服的，可以自判决书送达之日起 15 日内向北京市高级人民法院提起上诉；商标注册人作为第三人参加二审。

商标注册人对一审法院撤销商标评审委员会（国家知识产权局）作出的不予撤销注册商标的决定的判决不服的，或者对一审法院维持商标评审委员会（国家知识产权局）作出的撤销注册商标的决定的判决不服的，可以自判决书送达之日起 15 日内向北京市高级人民法院提起上诉；撤销注册商标的申请人作为第三人参加二审。

商标评审委员会（国家知识产权局）对撤销其作出的不予撤销注册商标的决定的一审判决不服的，可以自判决书送达之日起 15 日内向北京市高级人民法院提起上诉；商标注册人如果未提起上诉的，则作为第三人参加二审。商标评审委员会（国家知识产权局）对撤销其作出的撤销注册商标的决定的一审判决不服的，可以自判决书送达之日起 15 日内向北京市高级人民法院提起上诉；撤销注册商标的申请人如果未提起上诉的，则作为第三人参加二审。

撤销注册商标的申请人、商标注册人、商标评审委员会（国家知识产权局）认为二审法院的终审判决确有错误的，可以向最高人民法院申请再审。

2. 不服宣告无效或维持注册商标的复审决定或裁定而提起的行政诉讼

（1）宣告注册商标无效的绝对理由。根据《商标法》第 44 条第 1 款的规定，已经注册的商标，违反《商标法》第 4 条、第 10 条、第 11 条、第 12 条、第 19 条第 4 款规定的，或者是以欺骗手段或者其他不正当手段取得注册的，由商标局宣告该注册商标无效；其他单位或者个人可以请求商标评审委员会（国家知识产权局）宣告该注册商标无效。

违反《商标法》第 4 条、第 10 条、第 11 条、第 12 条、第 19 条第 4 款规定的情形属于注册商标无效的绝对理由。所谓绝对理由，是相对于宣告注册商标无效的相对理由而言的。绝对理由和相对理由都是可以导致注册商标被申请宣告无效的法律依据，所不同的是，绝对理由对申请人的范围没有限制，而相对理由对申请人的范围有严格限制，只有在先权利人或利害关系人才能以相对理由申请宣告注册商标无效。

在上述法条中，违反《商标法》第 4 条，亦即不以使用为目的的恶意商标注册申请，违反第 19 条第 4 款，亦即商标代理机构在其代理服务范围之外为其自身申请注册其他商标的，是 2019 年修改后的《商标法》新增的无效理由。其实，仅就内容而言，2019 年修改后的《商标法》第 19 条第 4 款与修改前的《商标法》（2013 年修正）第 19 条第 4 款完全相同，两者均规定"商标代理机构除对其代理服务申请商标注册外，不得申请注册其他商标"，所不同的是，根据 2019 年修改前的《商标法》，商标代理机构超出代理服务的范围为其自身申请注册其他商标的行为，是商标局驳回其商标注册申请的理由，但不是宣告其注册商标无效的理由；而根据 2019 年修改后的《商标法》，商标代理机构超出代理服务的范围为其自身申请注册其他商标的行为不仅是商标局驳回其商标注册申请的法律依据，也是宣告其注册商标无效的法律依据。

（2）宣告注册商标无效的相对理由。根据《商标法》第 45 条第 1 款的规定，已经注册的商标，违反《商标法》第 13 条第 2 款和第 3 款、第 15 条、第 16 条第 1 款、第 30 条、第 31 条、第 32 条规定的，自商标注册之日起 5 年内，在先权利人或者利害关系人可以请求商标评审委员会宣告该注册商标无效。对恶意注册的，驰名商标所有人不受 5 年的时间限制。

（3）不服商标局依职权宣告注册商标无效的行政救济。针对商标局（国家知识产权局）依职权宣告注册商标无效的决定，商标法规定了相应行政救济程序。根据《商标法》第 44 条第 2 款的规定，商标局（国家知识产权局）做出宣告注册商标无效的决定，应当书面通知当事人。当事人，亦即宣告注册商标无效决定所指向的商标注册人，对商标局（国家知识产权局）的决定不服的，可以自收到通知之日起 15 日内向商标评审委员会（自 2019 年 4 月 1 日起向国家知识产权局）申请复审。商标评审委员会（国家知识产权局）应当自收到申请之日起 9 个月内做出决定，并书面通知当事人。有特殊情况需要延长的，经国务院工商行政管理部门（国家知识产权局）批准，可以延长 3 个月。

（4）不服宣告注册商标无效的复审决定或裁定的司法救济。商标注册人不服商标局（国家知识产权局）依职权宣告注册商标无效的决定，向商标评审委员会（国家知识产权局）申请复审，商标评审委员会（国家知识产权局）的复审决定包括宣告注册商标无效和维持注册商标两种结果。根据《商标法》第 44 条第 2 款的规定，商标注册人对商标评审委员会（国家知识产权局）宣告其注册商标无效的复审决定不服的，可以自收到通知之日起 30 日内，以商标评审委员会（国家知识产权局）为被告，以宣告其注册商标无效的复审决定为被诉行政行为，向人民法院起诉。具体地说，自 2014 年 11 月 6 日起，向北京知识产权法院上诉，而在此之前，则是向北京市第一中级人民法院上诉。一审法院的判决包括驳回诉讼请求（维持宣告注册商标无效的复审决定）和撤销宣告注册商标无效的复审决定并判令商标评审委员会（国家知识产权局）重新作出复审决定两种结果。商标注册人对一审法院驳回其诉讼请求的判决不服的，可以自判决书送达之日起15日内向北京市高级人民法院提起上诉。

商标评审委员会（国家知识产权局）基于无效宣告申请人的申请而作出的裁定包括宣告注册商标无效和维持注册商标两种结果。根据《商标法》第44条第3款、第45条第2款的规定，无效宣告申请人对商标评审委员会（国家知识产权局）维持注册商标的裁定不服的，可以自收到通知之日起30日内，以商标评审委员会（国家知识产权局）为被告，以维持注册商标的裁定为被诉行政行为，向人民法院起诉，人民法院应当通知商标注册人（无效宣告的被申请人）作为第三人参加诉讼；商标注册人对商标评审委员会（国家知识产权局）宣告注册商标无效的裁定不服的，可以自收到通知之日起30日内以商标评审委员会（国家知识产权局）为被告，宣告注册商标无效的裁定为被诉行政行为，向人民法院起诉，人民法院应当通知无效宣告申请人作为第三人参加诉讼。一审法院的判决包括维持商标评审委员会（国家知识产权局）的裁定或者撤销商标评审委员会（国家知识产权局）的裁定并判令其重新作出裁定两种结果。

无效宣告申请人对一审法院维持商标评审委员会（国家知识产权局）作出的维持注册商标的裁定的判决不服的，或者对一审法院撤销商标评审委员会（国家知识产权局）作出的宣告注册商标无效的裁定的判决不服的，可以自判决书送达之日起15日内向北京市高级人民法院提起上诉，商标注册人作为第三人参加二审。

商标注册人对一审法院维持商标评审委员会（国家知识产权局）作出的宣告注册商标无效的裁定的判决不服的，或者对一审法院撤销商标评审委员会（国家知识产权局）作出的维持注册商标的裁定的判决不服的，可以自判决书送达之日起15日内向北京市高级人民法院提起上诉，无效宣告申请人作为第三人参加二审。

商标评审委员会（国家知识产权局）对撤销其宣告注册商标无效的裁定的一审判决不服的，可以自判决书送达之日起15日内向北京市高级人民法院提起上诉；无效宣告申请人如果未提起上诉，则作为第三人参加二审。商标评审委员会（国家知识产权局）对撤销其维持注册商标的裁定的一审判决不服的，可以自判决书送达之日起15日内向北京市高级人民法院提起上诉；商标注册人如果未提起上诉，则作为第三人参加二审。

无效宣告申请人、商标注册人或商标评审委员会（国家知识产权局）认为北京市高级人民法院的终审判决确有错误的，可以向最高人民法院申请再审。

（三）商标授权确权行政诉讼中若干程序问题分析

1. 合法性审查原则与情事变更原则的适用问题

商标授权确权行政诉讼属于行政诉讼的范畴，而行政诉讼的一个基本原则是合法性审查原则。所谓合法性审查原则，主要体现在以下几个方面：

第一，人民法院审理行政案件，审查的对象和范围是行政行为，即：①人民法院的司法审查权仅限于行政行为；②人民法院审查的行政行为仅限于人民法院的受案范围。

第二，人民法院审理行政案件，审查的内容是行政行为的合法性。行政行为的合法性，一般从三方面加以判断：①行政行为是否超出了法定的权限；②是否符合法律、法规的规定；③是否符合法定的程序。一般说来，人民法院在审理行政案件时所认定的违法的行政行为主要是：主要证据不足，适用法律、法规错误，违反法定程序，超越职权，滥用职权，不履行法定职责。

第三，人民法院审理行政案件，审查行政行为合法性的依据是法律、行政法规和地方性法规。人民法院审理行政案件参照规章。

第四，人民法院审理行政案件，只对行政行为的合法性进行审查，对行政行为的适当性、合理性原则上不予审查。[1]

根据合法性审查原则，只要行政行为作出之时，该行政行为的确是合法的，即便据以作出该行为的事实发生了变化，人民法院在随后的行政诉讼中也应当维持该行政行为。然而，人民法院在行政诉讼中过于僵硬地适用合法性审查原则，也可能产生明显不合理、不适当的审判结果。[2]为此，学术界

---

[1]《行政法与行政诉讼法学》编写组编：《行政法与行政诉讼法学》，高等教育出版社2017年版，第419页。

[2] 陈鹏："行政行为合法性审查存在的问题及其完善路径"，载《天津法学》2019年第2期，第80~86页。

提出了情势变更原则在行政诉讼中的适用问题,〔1〕并在部分行政诉讼案中得以体现。〔2〕情势变更原则最初作为合同法上的概念被引入,后在司法实践中被适用至行政法领域。情势变更原则的具体内容因行政诉讼解决的纠纷对象的不同而有所不同。在行政许可中,情势变更原则是指如果相关的法律、法规、规章修改、废止或者准予行政许可所依据的客观情况发生重大变化,为了公共利益的需要,行政机关可以依法变更或撤回已经生效的行政许可,由此给公民、法人或其他组织造成财产上损失的,行政机关应当依法给予补偿。〔3〕

具体到商标确权授权行政诉讼而言,人民法院审理商标确权授权行政案件无疑应当遵循合法性审查原则,但又不能拘泥于合法性审查原则。所谓不能拘泥于合法性审查原则是指,即便商标评审委员会(国家知识产权局)所作出的被诉决定在作出该决定之时的确是合法的,但如果作出该决定所依据的事实在进入诉讼程序后发生了变化,例如,据以驳回商标注册申请的引证商标在进入诉讼程序后被生效的决定撤销,人民法院就有可能依据情势变更原则撤销被诉决定,而撤销被诉决定并不意味着人民法院认为被诉决定本身违法。例如,在莱贝托股份有限公司与国家工商行政管理总局商标评审委员会一案中,最高人民法院认为:该案争议焦点在于申请商标是否因与引证商标二构成使用在同一种或类似商品上的近似商标而不应被核准注册;首先,对于商标评审委员会、一审以及二审法院作出的驳回注册申请的决定或判决应当予以肯定,原因在于引证商标二在二审判决作出前的权利状态为初步审定的商标,且与申请商标构成核定使用在相同或类似商品上的近似商标;其次,由于本案为商标驳回复审行政诉讼,申请商标的注册程序尚未完结,故应当对引证商标二当前的权利状态予以最终确定;经查明,引证商标二在二审判决作出后被商标评审委员会裁定为不予核准注册,其权利状态最终确定为失效,即本案唯一的权利障碍已经消失;在这一过程中,由于申请商标是否应予核准注册的事实基础发生根本性变化,引证商标二已经不再成为申请商标注册的权利障碍。如果仍然依据二审判决作出时的事实来作

---

〔1〕 罗传贤编著:《行政法概要》,五南图书出版公司2005年版,第155页。

〔2〕 参见韩某诉济南市公安局交通警察支队行政处罚上诉案,济南市中级人民法院〔2015〕济行终字第249号判决书。

〔3〕 张树义主编:《行政法学》,北京大学出版社2005年版,第38页。

为本案的判决依据，显失公平，应当对被诉的决定、一审及二审判决的结论予以纠正。[1]

情势变更原则的适用主要发生在商标驳回复审案件的行政诉讼中，但其他商标授权确权诉讼也不能绝对排除情势变更原则的适用。情势变更原则的适用主要体现为：在行政诉讼程序中，基于客观事实发生重大变化导致引证商标权利状态最终确定为失效，人民法院根据新产生的事实认定在先权利障碍消除，商标注册申请人可以获得注册，从而作出撤销商标评审委员会决定的判决。[2]

需要强调的是，情势变更原则在商标授权确权诉讼中的适用完全符合商标法的先申请原则，反之，如果不适用情势变更原则，就有可能在商标授权环节产生实质上有悖于先申请原则的不合理结果。对此，不妨假定：引证商标 A 之后存在两个近似的申请商标，亦即申请商标 B、申请商标 C，申请商标 B 的申请日早于申请商标 C，且商标评审委员会（国家知识产权局）在驳回复审程序中对申请商标 B 作出驳回申请的复审决定时，申请商标 C 尚处于商标局（国家知识产权局）受理申请后的待审查阶段；尔后，在申请商标 B 进入驳回复审后的诉讼程序时，引证商标 A 被已生效的决定撤销。此时，如果法院以商标评审委员会（国家知识产权局）驳回申请商标 B 时引证商标 A 仍然是合法有效的商标为由，作出维持商标评审委员会（国家知识产权局）驳回申请商标 B 的复审决定的判决，就会产生申请日更晚的申请商标 C 反而被核准注册这一有悖于先申请原则的结果。由此可见，在商标授权确权诉讼中适用情势变更原则是落实先申请原则这一商标法的法定原则的必然要求。

2. 驳回复审、撤销复审的行政与司法程序的协调问题

如上所述，引证商标在被驳回的申请商标进入诉讼程序后被生效的决定撤销的情况，往往与注册商标申请人在提出驳回复审申请之前，甚至在提出商标注册申请之前，就提出了撤销引证商标的有关申请，而商标局依职权主动撤销注册商标的情况实际上极少发生。一般说来，申请人请求撤销他人的注册商标，主要目的是为了自己在同一种或者类似商品上申请注册相同或近

---

[1] 参见莱贝托股份有限公司与国家工商行政管理总局商标评审委员会再审行政判决书，中华人民共和国最高人民法院［2017］最高法行再 26 号行政判决书。

[2] 马岩岩："2017 年商标评审案件行政诉讼总体情况分析"，载《中华商标》2018 年第 7 期。

似的商标。[1]由于最终被撤销的注册商标要经历商标局（国家知识产权局）的审查决定到商标评审委员会（国家知识产权局）的复审决定再到相应的行政诉讼程序并最终由生效的复审决定予以撤销的过程——假定商标注册人坚持不懈地走完每一个程序，因此，申请人要通过撤销他人的注册商标——假定他人的注册商标确实存在连续3年不使用而应当被撤销，从而使自己的商标注册申请被核准，所经历的程序也是较为复杂的。而在此过程中，申请商标也要经历商标局（国家知识产权局）的审查决定（驳回申请）到商标评审委员会（国家知识产权局）的复审决定（驳回申请），再到相应的行政诉讼程序并最终由生效的复审决定予以初步审定并由商标局（国家知识产权局）予以公告的过程——假定商标注册申请人坚持不懈地走完每一个程序。在此过程中，商标评审委员会（国家知识产权局）、北京知识产权法院、北京市高级人民法院甚至最高人民法院要分别针对注册商标的撤销与注册商标的申请多次进行审理，从而极大地耗费商标授权确权审查的行政资源和司法资源。为此，本书认为，我国有必要建立一种驳回复审、撤销复审的行政与司法程序的协调机制。例如，将撤销注册商标（基于他人申请而启动的程序）的审查与申请注册商标的审查，以及后续的复审与司法程序合并。所谓合并，并不是说不再需要独立的撤销注册商标的审查程序，而是说当撤销注册商标的申请人自己也要针对同一种或类似商品申请注册相同或近似商标时，可以将撤销注册商标的审查与商标注册申请的审查、复审直至后续的行政诉讼并案处理。

3. 撤销连续3年不使用注册商标的使用证据问题

（1）举证证明责任。根据《商标法实施条例》第66条的规定，在撤销连续3年不使用注册商标（俗称"撤三"）的行政程序和司法程序中，由商标注册人对其在指定的时间内使用了注册商标承担举证证明责任。而撤销连续3年不使用注册商标的申请人的举证证明责任则是在商标注册人提供了有可能被商标行政机关乃至司法机关采信的使用证据材料的情况下，提供否定所述使用证据材料的证据材料。

---

[1] 2013年修改后的《商标法》于2014年5月1日实施之前，当时的商标法不区分宣告注册无效与撤销注册商标，在这种情况下，申请撤销注册商标的动机很多，例如，美术作品的著作权人为了保护自己在先权利，又如，在先使用相同或近似标识的被控侵权人为了对抗商标注册人的侵权指控等。在商标法对撤销注册商标与宣告注册商标无效作了区分之后，申请人请求撤销他人注册商标的主要目的就是为自己申请注册商标扫清障碍。

从商标局、商标评审委员会和人民法院审查或审理撤销连续3年不使用注册商标案件的实践看，商标注册人提供的使用证据材料，原则上应提供形成于《关于提供注册商标使用证据的通知》所指定的3年期限内的使用证据材料，例如与使用其注册商标的商品有关的销售发票，与其注册商标有关的广告宣传资料，与其注册商标有关的许可使用合同以及被许可人实际使用其注册商标的相关证据材料，与使用其注册商标的商品有关的购销合同及其相关的转账凭证，委托他人制作用于服务场所的、含有其注册商标的铭牌及其相关费用的转账凭证等。一般说来，商标注册人在收到《关于提供注册商标使用证据的通知》之后，有能力制作的证据，亦即商标评审委员会在相关的复审决定中所说的"自制证据"，例如商标注册人与第三方签订的购销合同（实际上有可能倒签合同日期），载有其注册商标的商品实物（实际上有可能事后加工生产），载有其注册商标的铭牌及其所使用的服务场所的照片（实际上有可能事后才使用在服务场所），零售商出具的其销售了使用涉案注册商标的商品的书面声明等，在没有其他证据材料的支持下，会被商标局、商标评审委员会和人民法院认定为无效证据。一般说来，在商标注册人提供了反映其注册商标商品的交易信息的销售发票的情况下，除非撤销该注册商标的申请人能够证明所述销售发票是伪造的，否则商标注册人关于其使用了涉案商标的主张就能在行政诉讼中得到支持，甚至在进入行政诉讼前即得到商标局和/或商标评审委员的支持，而在提供其他证据的情况下，则一般需要形成有效的证据链，才能在行政诉讼中得到支持。[1]

（2）联合商标的使用证据与"撤三"问题。在我国，联合商标并不是一个立法上的概念，而是一个学理上的概念。当然，在现实的商标注册申请活动中，确有不少企业申请注册了联合商标。所谓联合商标，是指商标所有人在同一种商品或者类似商品上注册的与主商标相近似的一系列商标，注册联合商标的目的在于保护正商标，防止他人使用或注册与正商标相近似的商标，从而影响自己商标的显著性。[2]所谓正商标，是指首先注册的或者主要使用

---

[1] 参见中华人民共和国北京知识产权法院行政判决书［2016］京73行初2997号；中华人民共和国北京市高级人民法院行政判决书［2018］京行终1031号；中华人民共和国最高人民法院行政判决书［2018］最高法行再14号。

[2] 刘春田主编：《知识产权法》（第4版），高等教育出版社、北京大学出版社2010年版，第275页。

的商标，也称为主商标。[1]

对于联合商标的使用问题，多年来，学界的主流观点是，只要联合商标中的一个商标是被使用的，整个联合商标即被视为使用，联合商标中其他商标没有被使用，也不受商标法关于注册商标在规定期内必须不断使用的限制。[2] 联合商标的使用要求不是整个联合商标的实际使用，只要使用了其中一商标（一般为正商标），就可看作整个联合商标符合了"使用"的要求，他人也不得以"不使用"为由提出撤销该联合商标的请求。[3]而百度在解释联合商标这一概念时，也强调联合商标中未被使用的商标不受《商标法》第49条第2款"连续三年不使用的"有可能被撤销该商标的规定之限。[4]

总之，通说认为联合商标中未被使用的商标不受《商标法》第49条规制。然而，联合商标毕竟只是一个学理上的概念，联合商标中未被使用的商标不受《商标法》第49条规制的说法于法无据。诚然，法学理论也可能被人民法院应用于审判实践中，例如，将情势变更原则适用于商标授权确权特别是驳回复审案件中，但是，将法学理论应用于审判实践需要迫切的现实需要和充分的理论论证。由于注册商标专用权的禁用范围原本就涵盖了类似商品上的近似商标，因此，赋予联合商标中未被使用的商标不受《商标法》第49条第2款规制的特权并无迫切的现实需要。不可否认，类似商品或近似商标特别是近似商标的判定有一定程度的不确定性，这也是不少企业申请注册联合商标的重要原因。但是，一方面，如果正商标经过几年的使用成为知名度高、显著性强的商标，则其涵盖的保护范围就会宽，未必一定要通过联合商标去寻求保护；另一方面，能够作为商标申请注册和使用的符号资源特别是便于呼叫商标名称的中文资源其实是非常有限的，而商标的近似又具有传递性，如果赋予联合商标中未被使用的商标不受《商标法》第49条第2款规制的特权，则极有可能使联合商标的注册人不适当地垄断符号资源。关于商标

---

[1] 何红锋、陈跃东："论联合商标保护制度"，载《南开学报（哲学社会科学版）》2000年第1期，第72页。

[2] 何红锋、陈跃东："论联合商标保护制度"，载《南开学报（哲学社会科学版）》2000年第1期，第74页。

[3] 张今、谭伟才："联合商标、防御商标与商标权的保护"，载《知识产权》1994年第6期，第15页。

[4] 参见 https://baike.baidu.com/item/%E8%81%94%E5%90%88%E5%95%86%E6%A0%87/9286320?fr=aladdin，2019年3月1日访问。

近似的传递性问题，不妨以下述类比的方式说明：

假定角度代表可申请注册商标的符合资源，很明显，30度的角与60度的角是不近似的，但30度的角与31度的角无疑是高度近似的，而59度的角与60度的角也无疑是高度近似的，又假定有人申请注册了45度的角，然后针对相同或类似商品依次申请注册44度、46度、43度、47度的角……直至30度和60度的角，那么，其就可以垄断较大范围的符号资源。现在又假定，该商标注册人还分别申请注册了15度的角和75度的角，并分别以15度角和75度角为正商标，进一步申请注册联合商标，那么，该商标注册人所笼统的符号资源就更加可怕。如果再赋予联合商标中未被使用的商标不受《商标法》第49条第2款规制的特权，就会使这种可怕的垄断得以强化。总之，赋予联合商标中未被使用的商标不受《商标法》第49条第2款规制的特权是不恰当的。

需要强调的是，北京市第一中级人民法院和北京市高级人民法院在相关判决中，均对联合商标理论在审判中的应用持否定态度。[1]另需说明的是，虽然北京市第一中级人民法院和北京市高级人民法院否定联合商标理论在案件中的适用的观点很有说服力，但是，确实有个别法院在案件中运用了联合商标理论。例如，在薛某某假冒注册商标罪一案中，薛某某所使用的侵权商标是商标注册人未实际投入使用的联合商标，本来，根据《最高人民法院关于当前经济形势下知识产权审判服务大局若干问题的意见》（法发〔2009〕23号）第3条第7项的规定，对于注册后未使用的注册商标应给予弱保护，侵权人（侵权包括假冒）的责任一般限于停止侵权，其损害赔偿责任可显著减轻甚至免除。然而，受理案件的法院依据联合商标理论，对商标注册人自己并未使用涉案联合商标的事实不予考虑，从而作出薛某某犯假冒注册商标罪的判决。[2]虽然最高人民法院的上述指导意见所针对的是民事责任，而不是刑事责任，但是，从法理上说，刑事责任是比民事责任更重的法律责任，如果说就同一行为，其损害赔偿责任可显著减轻甚至免除，而仍然要承担刑事责任，这无疑是有违法理的。此外，将联合商标这种并未被我国商标法采用的概念及其理论适用于刑事案件，也是极不恰当的。

---

〔1〕 参见北京市第一中级人民法院行政判决书〔2009〕一中行初字第178号；另参见北京市高级人民法院行政判决书〔2017〕京行终2590号，在本案中，北京知识产权法院并未肯定联合商标理论，只是因误将"床上用品"视为"家具用皮制品"，而导致其判决被北京市高级人民法院撤销。

〔2〕 参见深圳市中级人民法院刑事判决书〔2014〕深中法知刑终字第59号。

综上，对于联合商标来说，正商标的使用不等于联合商标的使用，在撤销连续3年不使用注册商标的行政审查、复审和行政诉讼程序中，商标注册人不得以其正商标的使用证据材料来证明其使用了联合商标。

（3）防御商标的使用证据与"撤三"。与联合商标一样，防御商标也不是我国商标法中的一个法律概念，而是一个学理上的概念。同样，在现实的商标注册申请活动中，确有不少企业申请注册了防御商标。所谓防御商标，是指商标所有权人在与其注册商标所指定的商品或服务不同的其他类别的商品或服务上注册的同一商标。[1]由于在某些国家的商标法中，例如日本商标法中，不以使用为目的的防御性注册是驰名商标所享有的特权，故也有学者将防御商标定义为驰名商标权人在该注册驰名商标核定使用的商品或服务以外的其他类别的商品或服务上注册相同的商标。

关于防御商标的使用问题，有学者认为，由于防御商标注册的目的在于防护正商标而不是为了使用，因而在使用问题上不受商标法一般原则的限制；防御商标只要作了防护性使用就不适用商标法有关因不使用而被撤销的规定；防护性使用指宣传性的使用，是相对于将商标附置于商品本体或其包装上行销市场的实际使用而言的，因此，只要使用了正商标，防御商标就满足了"使用"要求。[2]应当说，这种观点具有相当程度的普遍性，至少对于驰名商标的防御性注册来说，这种观点并不是孤立的。

然而，从近年来实际发生的涉及防御商标的撤销3年不使用注册商标的行政诉讼的情况来看，北京知识产权法院和北京市高级人民法院均不承认防御商标享有免于实际使用的特权，亦即北京知识产权法院和北京市高级人民法院都对防御商标理论在商标确权行政诉讼中的适用持否定态度。例如，在天广消防股份有限公司与国家工商行政管理总局商标评审委员会商标复审行政纠纷的一审判决中，北京知识产权法院指出：由于原告"天广及图"商标在消防器材等商品上的使用及知名度不能视为诉争商标在鼠标垫等商品上的实际使用，故原告关于"天广及图"商标在消防器材等产品上经使用具有较高知名度的主张，不能作为诉争商标不被撤销的当然理由；原告出于防御目

---

[1] 刘春田主编：《知识产权法》（第4版），高等教育出版社、北京大学出版社2010年版，第275页。

[2] 张今、谭伟才："联合商标、防御商标与商标权的保护"，载《知识产权》1994年第6期，第16页。

的而未使用诉争商标亦不构成不使用诉争商标的正当理由；为此，北京知识产权法院驳回了原告的诉讼请求，亦即维持了商标评审委员会撤销其未使用的防御商标的复审决定。[1] 又如，在云南××之祥文化传播有限公司与国家工商行政管理总局商标评审委员会商标复审行政纠纷的二审判决中，北京市高级人民法院指出：保护性、防御性注册并不构成不使用注册商标的合理理由，从而维持了一审判决。[2]

在正商标的使用并不当然构成防御商标的使用的问题上，本书完全赞成北京知识产权法院和北京市高级人民法院的观点。尽管学术界确实有正商标的使用即视为防御商标的使用的理论观点，并且这种观点也具有一定的影响和合理性。然而，一方面，我国商标法对已注册的驰名商标提供了跨类保护，并且在构成商标标识的图案和/或文字还同时构成著作权保护客体的情况下，商标注册人还可对其商标标识寻求排他性相对较弱，但保护范围不受商品或服务类别限制的著作权保护，故法律提供给商标注册人的保护手段是很多的；另一方面，适宜作为商标申请注册的符号资源，尤其是中文资源非常有限，将不受《商标法》第49条第2款规制的特权赋予防御商标，会导致符号资源的浪费。

4. 商标注册人应对他人"撤三"申请的几种对策述评

笔者在一些代理机构调研时获悉，近年来一些商标注册人在未雨绸缪地应对他人"撤三"申请方面采取了一些对策。例如，一些实际使用其注册商标的商标注册人平时会有意识地保留使用证据，再如前文所述，一些以转让为目的、并未实际使用其注册商标的商标注册人会通过在小报上刊登广告的方式"使用"其注册商标。除上述对策外，一些商标注册人还会采用其他对策。

（1）"接力式"注册申请。所谓"接力式"注册申请，是指商标注册人每隔一段时间，例如3年左右，就针对与其注册商标相同或者高度近似的商标申请注册，申请商标所指定的商品与其注册商标所核定使用的商品完全相同或者部分相同、部分类似。由于申请人自己的在先注册商标不构成其在后商标注册申请的障碍，且商标法及其实施条例对"接力式"注册申请未作任何限制性规定，故"接力式"注册申请一般都能被商标局核准注册。根据

---

[1] 参见北京知识产权法院行政判决书［2016］京73行初778号。
[2] 参见北京市高级人民法院行政判决书［2017］京行终1568号。

《商标实施条例》第 66 条第 3 款的规定，以无正当理由连续 3 年不使用为由申请撤销注册商标的，应当自该注册商标注册公告之日起满 3 年后提出申请。故通过"接力式"注册申请，商标注册人能够形成一个有效对抗他人"撤三"申请的"连环阵"，"撤三"申请人即便能撤销在先的注册商标，也因为商标注册人还有在后的相同或高度近似的注册商标，而无法实现通过"撤三"而使自己的商标注册申请被核准，故对于此类注册商标，基本上没有人提出"撤三"申请。

另据一位商标代理人介绍，采用"接力式"注册申请，商标注册人固然要支付一定的费用，但无论是商标局的官费，还是代理机构收取的代理费都很低，故一些不以使用为目的且需要维持其注册商标的商标注册人，例如防御商标的注册人，很乐意采用这种方法来维持其注册商标。

"接力式"注册申请虽然不违反商标法及其实施条例的禁止性规定，但是，这种注册申请方式使得《商标法》第 49 条第 2 款有关撤销无正当理由连续 3 年不使用的注册商标的规定落空，故这种行为方式是不符合商标法的立法本意的。今后，国家知识产权局在修订《商标审查及审理标准》时，有必要对"接力式"注册申请行为作出限制性规定。

（2）附赠使用防御商标的赠品或展品。有的商标注册人，为了使自己的正商标得到更加充分的保护，同时也为了拓展商品生产领域，会针对其正商标所核定使用的商品（主打商品）之外的且与该核定使用的商品有关联性的其他类别的商品申请注册防御商标。为了解决防御商标的使用问题，商标注册人针对其他类别的商品生产少量赠品或展品，并在赠品或展品上使用防御商标。商标注册人及其经销商在批量销售主打商品时，会赠送赠品，在宣传推广其主打商品时，也会利用可能的机会展示其使用防御商标的展品。这种使用方式无疑是值得肯定的。

5. 确定商标使用证明责任的其他考量因素

根据《商标法》第 48 条的规定，商标的使用，是指将商标用于商品、商品包装或者容器以及商品交易文书上，或者将商标用于广告宣传、展览以及其他商业活动中，用于识别商品来源的行为。

《商标法》第 48 条关于商标使用行为的规定中，最本质的规定是"用于识别商品来源"，至于"将商标用于商品、商品包装或者容器以及商品交易文书上，或者将商标用于广告宣传、展览以及其他商业活动中"只不过是"用于识别商品来源"的几种常见的具体行为方式而已。换句话说,如果不是"用于识别商品来源",则即便有这几种行为方式,也不是商标法意义上的使用。例如,笔者在调研的过程中了解到,某位以卖商标(转让注册商标)而不是卖商品(实物商品)为目的而申请了多个注册商标的商标注册人为了"未雨绸缪"地获得"证明"其使用注册商标的"证据",会每隔2年左右在不起眼的小报(当然也是正规出版物)上用不到"巴掌大"的版面刊登广告(费用低),用于宣传其注册商标,并保存小报提供的、宣传其注册商标的收费发票。而事实上,该商标注册人从未实际生产、销售过任何使用其注册商标的商品。很明显,这样的广告宣传行为,根本不具有"用于识别商品来源"的作用,甚至可以说其指向的是一种虚假的商品来源,故绝不是《商标法》第48条所指的使用行为。然而,凭借小报上的广告、收费发票再加上事后提供一件使用其注册商标的"商品样品",该商标注册人也能形成完整的证据链,用以证明其在"持续地使用"注册商标。需要说明的是,类似于这位商标注册人这样并未实际使用注册商标,却因其熟悉商标使用证据规则而能够形成完整的证据链的现象并非个案。[1]

如上所述,某些并未实际使用其注册商标的商标注册人,由于熟悉商标使用证据规则,在撤销连续3年不使用注册商标的行政审查、复审和行政诉讼程序中能够提供形式上合法的使用证据并形成完整的证据链,用以证明其在"持续地使用"注册商标。然而,这只是问题的一方面,问题的另一方面是,某些确实在持续地使用其注册商标的商标注册人,因其对商标使用证据规则不熟悉,并未刻意保留使用证据,甚至没有明确指向其注册商标的使用证据。例如,笔者在广东某特色农副产品市场调研时了解到,由于商标意识或者品牌意识的提高,该市场中的不少经营户申请注册了商标,并且实实在在地使用在农副产品(商品)的包装上。然而,很少有经营户刻意保留其注册商标的使用证据。另外,按当地的交易习惯,商品买卖通常是现金交易,一般不开发票,即便开发票,发票上注明的往往是商品的通用名称和总的交易金额,而不会指名道姓地注明注册商标,特别是当注册商标为单纯的图形

---

[1] 在本章中,所谓商标使用证据规则不是指规范性文件的名称,而是指商标评审委员会和人民法院在审理撤销连续3年不使用注册商标的案件中,采信商标使用证据时所形成的一些相对成熟、稳定的处理方式。

商标时,即使想在发票上注明注册商标,也几乎做不到。由此可见,如果有人针对该商场的经营户提出撤销连续 3 年不使用注册商标的申请,该商场的经营户是难以找到有效的使用证据予以应对的。

此外,与商品商标的使用方式不同,服务商标,特别是在服务商标与商标注册人的字号不一致且商标注册人的经营规模小、尚未形成连锁经营的情况下,除了在服务场所的铭牌上或者在员工的胸牌上使用外——与这种使用方式有关的使用证据通常被认为是自制证据,几乎没有其他使用方式。在这种情况下,如果有人针对服务商标注册人提出撤销连续 3 年不使用注册商标的申请,服务商标注册人也难以找到有效的使用证据予以应对。

由以上介绍可知,机械地适用注册商标使用证据规则,有可能得出不合理的结果。那么,究竟该怎样合理地确定使用注册商标的举证证明责任呢?本书提出下述建议,供有关方面参考:

第一,对于拥有多个注册商标且频繁或多次转让其注册商标的商标注册人,提高其使用注册商标的证明责任标准。以商品类的注册商标为例,由于真实的商品生产依赖于厂房、设备、生产人员、技术人员等多种条件,没有这些条件,是不可能生产商品的。因此,对于这类商标注册人,除要求其提供《商标法》第 48 条所规定的证据外,还可以要求其提供拥有生产相关商品所需的厂房、设备、生产人员、技术人员的证据。再以服务商标为例,一般说来,服务需要一定的场所和相应的服务人员,故对于这类商标注册人,除要求其提供《商标法》第 48 条所规定的证据外,还可以要求其提供拥有相应的服务场所和服务人员的证据。由于《商标法》第 48 条关于商标使用的最本质的规定是"用于识别商品来源",故要求拥有多个注册商标,且频繁或多次转让其注册商标的商标注册人,在撤销连续 3 年不使用注册商标的行政审查、复审和行政诉讼程序中提供其拥有生产相关商品所需厂房、设备、生产人员、技术人员的证据,或者提供拥有相应的服务场所和服务人员的证据,并不违反《商标法》第 48 条的规定。

第二,对于仅有一个注册商标且没有转让注册商标记录的商标注册人,或者所拥有的注册商标的数量少于或等于其所实际生产、销售的商品种类且没有转让注册商标记录的商标注册人,应降低其使用注册商标的证明责任标准。对于这类商标注册人,只要其在收到《关于提供注册商标使用证据的通知》之后,能够提供证据材料证明其仍在从事注册商标所核定使用的商品的生产、销售活动，或者仍在提供注册商标所核定使用的服务，就可推定其在《关于提供注册商标使用证据的通知》所指定的期限内使用了注册商标。为什么可以推定这类商标注册人在《关于提供注册商标使用证据的通知》所指定的期限内使用了注册商标呢？其理由在于：商标注册人申请注册商标的主要目的或者是为了使用，或者是为了转让，如果既不是为了使用，也不是为了转让，则商标注册人无法通过申请注册商标获得利益。至于说为了保护，其实保护是为了更好地使用，或者是为了更顺利地转让，如果没有注册商标的使用或转让，其保护就没有实际作用。对于仅有一个注册商标且没有转让注册商标记录的商标注册人来说，或者所拥有的注册商标的数量少于或等于其所实际生产、销售的商品种类且没有转让注册商标记录的商标注册人来说，其具有实际使用其注册商标的高度盖然性。因此，只要能够提供证据材料证明其仍在从事注册商标所核定使用的商品的生产、销售活动，或者仍在提供注册商标所核定使用的服务，就可推定其在《关于提供注册商标使用证据的通知》所指定的期限内使用了注册商标。

第三，对于上述第一、二类商标注册人以外的其他商标注册人，其证明责任标准仍按目前的方式处理。

三、专利授权确权行政诉讼

专利授权确权行政诉讼是专利授权行政诉讼和专利确权行政诉讼的统称，前者所涉及的是专利申请的授权问题，后者所涉及的是专利权的宣告无效与维持专利权有效的问题。专利授权确权行政诉讼的被诉行政行为是专利复审委员会（国家知识产权局）在专利复审程序中或者专利无效宣告程序中所作出的决定。

专利复审委员会（国家知识产权局）审理专利复审案件和宣告专利无效案件，除遵循所有的行政执法活动均应遵循的合法原则和公正执法原则外，还应遵循请求原则、依职权调查原则、听证原则、公开原则。

所谓请求原则，是指复审程序和无效宣告程序均应当基于当事人的请求启动；请求人在专利复审委员会（国家知识产权局）作出复审请求或者无效宣告请求审查决定前撤回其请求的，其启动的审查程序终止；但对于无效宣告请求，专利复审委员会认为根据已进行的审查工作能够作出宣告专利权无效或者部分无效的决定的除外；请求人在审查决定的结论已宣布或者书面决定已经发出之后撤回请求的，不影响审查决定的有效性。

所谓依职权调查原则，是指专利复审委员会（国家知识产权局）可以对所审查的案件依职权进行审查，而不受当事人请求的范围和提出的理由、证据的限制。当然，该原则在复审程序中，尤其是在无效宣告程序中也要受到一定的限制，专利复审委员会不承担对专利申请全面审查的义务，也不承担全面审查专利有效性的义务。

所谓听证原则，是指专利复审委员会（国家知识产权局）在作出审查决定之前，应当给予审查决定对其不利的当事人针对审查决定所依据的理由、证据和认定的事实陈述意见的机会，即审查决定对其不利的当事人已经通过通知书、转送文件或者口头审理被告知过审查决定所依据的理由、证据和认定的事实，并且具有陈述意见的机会。另外，对于涉及专利权属纠纷的复审或无效案件，专利复审委员会（国家知识产权局）在作出审查决定之前，在已经根据人民法院或者地方知识产权管理部门作出的生效的判决或者调解决定变更专利申请人或者专利权人的情况下，应当给予变更后的当事人陈述意见的机会。

所谓公开原则，是指除了根据国家法律、法规等规定需要保密的案件（包括专利申请人不服初审驳回提出复审请求的案件）以外，其他各种案件的口头审理应当公开举行，审查决定应当公开出版发行。

根据《专利法实施细则》和《专利审查指南》的相关规定，专利复审委员会（国家知识产权局）审理专利复审案件和宣告专利无效案件实行合议制度（一般由合议组审理案件，但简单的专利复审案件，可以由一名审查员独任审查）、回避制度与从业禁止。例如，专利复审委员会（国家知识产权局）成员曾参与原申请的审查的应当回避。又如，专利复审委员会主任委员或者副主任委员离职后3年内，其他人员离职后2年内，不得代理复审或者无效宣告案件。

（一）专利授权行政诉讼

专利授权行政诉讼是专利申请人因不服专利复审委员会（国家知识产权局）在专利复审程序中作出的复审决定——该复审决定维持国家知识产权局在专利申请审批程序中作出的驳回专利申请决定，而提起的以专利复审委员会（国家知识产权局）为被告，以该复审决定为被诉行政行为的行政诉讼。

1. 专利申请的驳回

（1）发明专利申请的驳回。发明专利申请的审批程序包括初步审查和实质审查两个阶段，初步审查包括申请文件的形式审查、其他文件（例如申请人的身份证件等）的形式审查、有关费用的审查，以及申请文件的明显实质性缺陷审查。根据《专利审查指南》第一部分第一章第1节的规定，申请文件的形式审查包括审查请求书、说明书及其摘要、权利要求书等申请文件在格式上是否明显不符合《专利法实施细则》第16条至第19条、第23条的规定，是否符合《专利法实施细则》第2条、第3条、第26条第2款、第119条、第121条的规定；申请文件的明显实质性缺陷审查，包括专利申请是否明显属于《专利法》第5条、第25条规定的情形，是否不符合《专利法》第18条、第19条第1款、第20条第1款的规定，是否明显不符合《专利法》第2条第2款、第26条第5款、第31条第1款、第33条或者《专利法实施细则》第17条、第19条的规定。

除少数发明专利申请因存在明显的实质性缺陷，例如明显违反法律、社会公德或者妨害公共利益，明显不属于专利保护的客体等，经申请人陈述意见或者修改后仍然没有消除，或者申请文件存在形式缺陷，审查员针对该缺陷已发出过两次补正通知书，经申请人陈述意见或者补正后仍然没有消除，而被驳回外，多数发明专利申请会进入实质审查程序。[1]

根据《专利法》第39条的规定，发明专利申请经实质审查没有发现驳回理由的，由国务院专利行政部门（国家知识产权局）作出授予发明专利权的决定，发给发明专利证书，同时予以登记和公告。发明专利权自公告之日起生效。反之，如果发明专利申请经实质审查被发现存在驳回理由，亦即存在驳回发明专利申请的缺陷，且申请人经陈述意见和/或修改申请文件后，仍然不能克服所述缺陷，国家知识产权局将作出驳回发明专利申请的决定。

综合《专利法》第37条、第38条、《专利法实施细则》第53条以及《专利审查指南》的相关规定可知，导致发明专利申请经实质审查后被驳回的

---

[1] 仅就笔者调研过的5家专利代理公司而言，其代理的发明专利申请无一例在初步审查程序中被驳回。当然某些"黑代理"，例如某些名为知识产权代理公司、知识产权咨询公司、科技咨询公司、科技服务公司，但实际上不具备专利代理资质的企业，所代理的发明专利申请，以及某些发明人自己撰写并提交的发明专利申请，的确存在因申请文件的形式缺陷或者明显实质性缺陷，例如明显不符合《专利法》第2条第2款关于发明专利客体的规定，而在初步审查程序中被驳回的情况。

原因在于：

其一，发明专利申请存在下述缺陷之一：①专利申请的主题违反法律、社会公德或者妨害公共利益，或者申请的主题是违反法律、行政法规的规定获取或者利用遗传资源，并依赖该遗传资源完成的，或者申请的主题属于《专利法》第25条规定的不授予发明专利权的客体。②专利申请不是对产品、方法或者其改进所提出的新的技术方案。③专利申请所涉及的发明在中国完成，且向外国申请专利前未报经专利局进行保密审查的。④专利申请的发明不具备新颖性、创造性或实用性。⑤专利申请没有充分公开请求保护的主题，亦即说明书公开不充分，或者权利要求未以说明书为依据，或者权利要求未清楚、简要地限定要求专利保护的范围。⑥专利申请是依赖遗传资源完成的发明创造，申请人在专利申请文件中没有说明该遗传资源的直接来源和原始来源；对于无法说明原始来源的，也没有陈述理由。⑦专利申请不符合专利法关于发明专利申请单一性的规定。⑧专利申请的发明是依照《专利法》第9条规定不能取得专利权的，亦即违反禁止重复授权原则。⑨独立权利要求缺少解决技术问题的必要技术特征。⑩申请文件的修改或者分案的申请超出原说明书和权利要求书记载的范围。

其二，申请人经陈述意见和/或修改申请文件后，仍然不能消除上述缺陷。

根据《专利审查指南（2010）》第二部分第八章第6.1.1节之规定，审查员在作出驳回决定之前，亦即国家知识产权局在作出驳回决定之前，应当将其经实质审查认定申请属于《专利法实施细则》第53条规定的应予驳回情形的事实、理由和证据通知申请人，并给申请人至少一次陈述意见和/或修改申请文件的机会。

驳回决定一般应当在第二次审查意见通知书之后才能作出。但是，如果申请人在第一次审查意见通知书指定的期限内未针对通知书指出的可驳回缺陷提出有说服力的意见陈述和/或证据，也未针对该缺陷对申请文件进行修改或者修改仅是改正了错别字或更换了表述方式而技术方案没有实质上的改变，则审查员可以直接作出驳回决定。如果申请人对申请文件进行了修改，即使修改后的申请文件仍然存在用已通知过申请人的理由和证据予以驳回的缺陷，但只要驳回所针对的事实改变，就应当给申请人再一次陈述意见和/或修改申请文件的机会。但对于此后再次修改涉及同类缺陷的，如果修改后的申请文件仍然存在足以用已通知过申请人的理由和证据予以驳回的缺陷，则审查员可以直接作出驳回决定，无需再次发出审查意见通知书，以兼顾听证原则与程序节约原则。

另需说明的是，虽然导致发明专利申请被驳回的原因很多，但是，从笔者在五家专利代理机构调研所了解的情况看，近年来，这五家专利代理机构所代理的发明专利申请被驳回的主要原因是不具备创造性，其次则是说明书公开不充分，而其他方面的缺陷，诸如专利申请的主题违反法律、社会公德或者妨害公共利益，权利要求未以说明书为依据，权利要求未清楚、简要地限定要求专利保护的范围，申请文件的修改或者分案的申请超出原说明书和权利要求书记载的范围，或者专利申请的发明不具备实用性、新颖性之类的实质缺陷非常少，至于因形式缺陷而被驳回的情况则从未实际发生过。[1]造成这种状况的主要原因是，这五家专利代理机构的专利代理人对专利申请的授权条件有较为深刻的认识，而且所撰写的专利申请文件的质量较高。

（2）实用新型和外观设计专利申请的驳回。实用新型和外观设计专利申请实行初步审查制，初步审查包括申请文件的形式审查、其他文件的形式审查、有关费用的审查，以及申请文件的明显实质性缺陷审查。根据《专利法》第40条的规定，实用新型和外观设计专利申请经初步审查没有发现驳回理由的，由国务院专利行政部门（国家知识产权局）作出授予实用新型专利权或者外观设计专利权的决定，发给相应的专利证书，同时予以登记和公告。实用新型专利权和外观设计专利权自公告之日起生效。反之，如果实用新型和外观设计专利申请经初步审查被发现存在驳回理由，亦即存在驳回实用新型和外观设计专利申请的缺陷——包括形式缺陷和明显实质性缺陷，且经过申请人补正、陈述意见和/或修改申请文件后仍然未消除所述缺陷，国家知识产权局将驳回实用新型和外观设计专利申请。

就实用新型专利申请而言，综合《专利法实施细则》和《专利审查指南》的相关规定，导致实用新型专利申请被驳回的形式缺陷和明显实质性缺陷如下：①实用新型专利申请明显属于违反法律、社会公德或者妨害公共利

---

[1] 从笔者在5家专利代理机构调研所了解的情况看，在2014年到2018年5年期间，因发明专利申请不具备创造性而被驳回的数量分别占这5家代理机构所代理的被驳回的发明申请总量的97.2%、96.9%、96.8%、96.6%、95.9%，因说明书公开不充分而被驳回的分别占被驳回的发明申请总量的1.2%、1.3%、1.6%、1.1%、1.4%。而说明书公开不充分的主要原因是生物、化学、材料类的发明专利申请未提交实验数据或者所提交的实验数据不被审查员接受。

益的发明创造；另需说明的是，明显属于违反法律、社会公德或者妨害公共利益的发明创造，也是导致发明专利申请和外观设计专利申请在初步审查程序中被驳回的原因。②在中国没有经常居所或者营业所的外国人、外国企业或者外国其他组织在中国申请专利，且其所属国既未同中国签订保护专利协议，也未与中国共同参加保护专利的国际条约，并且也未依照互惠原则保护中国公民、法人或其他组织的发明创造；该缺陷同时也是发明专利申请和外观设计专利申请在初步审查程序中被驳回的原因。③在中国没有经常居所或者营业所的外国人、外国企业或者外国其他组织在中国申请专利和办理其他专利事务的，未委托在中国大陆依法设立的专利代理机构办理；该缺陷同时也是发明专利申请和外观设计专利申请在初步审查程序中被驳回的原因。④任何单位或者个人将在中国完成的发明或者实用新型向外国申请专利的，未事先报经国务院专利行政部门（国家知识产权局）进行保密审查，此后又向中国申请实用新型专利的；该缺陷同时也是发明专利申请在初步审查程序中被驳回的原因。⑤实用新型专利申请明显不属于实用新型专利保护客体，亦即不是对产品的形状、构造或者其结合所提出的适于实用的新的技术方案，或者虽然涉及产品的形状、构造或者其结合的改进，但同时也包含了材料或方法的改进。⑥实用新型专利申请明显不具备新颖性、实用性。[1]⑦说明书公开不充分或者权利要求未以说明书为依据，清楚、简要地限定要求专利保护的范围。⑧实用新型专利申请明显不符合单一性规定；明显不符合单一性规定也是导致发明专利申请和外观设计专利申请在初步审查程序中被驳回的原因。⑨申请文件的修改或者分案的申请超出原说明书和权利要求书记载的范围；对于发明专利申请来说，该缺陷通常是在实质审查程序中解决。⑩说明书（包括附图）、权利要求书不符合《专利法实施细则》第17条至第22条的规定；说明书（包括附图）、权利要求书不符合《专利法实施细则》第17条至第22条的规定也是导致发明专利申请在初步审查程序中被驳回的原因。⑪依照《专利法》第9条规定不能取得专利权，亦即违反禁止重复授权原则。违反禁止重复授权原则也是外观设计专利申请在初步审查程序中被驳回的原因。

---

〔1〕 明显不具备新颖性的本意是审查员无需主动检索，仅凭以往的审查实践所了解的在先申请，就能判定其所审查的实用新型专利申请不具备新颖性，然而，为了提高实用新型专利的授权质量，近年来，审查员通常会主动检索。总之，对于实用新型专利申请，审查员没有主动检索的法定义务，但不能认为审查员主动检索的行为违反规定。

至于发明专利申请，重复授权的问题通常是在实质审查程序中解决。

总的说来，实用新型专利申请的初步审查，比发明专利申请的初步审查更严格。例如，明显不符合《专利法》第26条第3款、第4款的规定，亦即说明书公开不充分或者权利要求未以说明书为依据，清楚、简要地限定要求专利保护的范围的缺陷属于实用新型专利申请的初步审查的范围，而发明专利申请的初步审查程序不涉及《专利法》第26条第3款、第4款的审查。另据《专利审查指南》第一部分第二章第3.5.1节之规定，实用新型专利申请文件存在审查员认为不可能通过补正方式克服的明显实质性缺陷，审查员发出审查意见通知书后，在指定的期限内申请人未提出有说服力的意见陈述和/或证据，也未针对通知书指出的缺陷进行修改，例如仅改变了错别字或改变了表述方式，审查员可以作出驳回决定。如果是针对通知书指出的缺陷进行了修改，即使所指出的缺陷仍然存在，也应当给申请人再次陈述和/或修改文件的机会。对于此后再次修改涉及同类缺陷的，如果修改后的申请文件仍然存在已通知过申请人的缺陷，审查员可以作出驳回决定。申请文件存在可以通过补正方式克服的缺陷，审查员针对该缺陷已发出过两次补正通知书，并且在指定的期限内经申请人陈述意见或者补正后仍然没有消除的，审查员可以作出驳回决定。

就外观设计专利申请而言，除前面已介绍的缺陷外，综合《专利法实施细则》和《专利审查指南》的相关规定，导致外观设计专利申请被驳回的其他缺陷如下：①外观设计专利申请属于对平面印刷品的图案、色彩或者二者的结合作出的主要起标识作用的设计。②外观设计专利申请明显不属于外观设计专利的保护客体，亦即明显不属于对产品的形状、图案或者其结合以及色彩与形状、图案的结合所作出的富有美感并适于工业应用的新设计。③外观设计专利申请明显属于现有设计或者存在抵触申请——任何单位或者个人就同样的外观设计在申请日以前向国务院专利行政部门提出过申请，并记载在申请日以后公告的专利文件中。[1]④外观设计专利申请人所提交的有关图片或者照片未清楚地显示要求专利保护的产品的外观设计。⑤外观设计专

---

〔1〕 近年来，为了提高外观设计专利的授权质量，审查员通常会主动检索现有设计，包括申请在先、公开在后的构成抵触申请的外观设计。因此，所谓"明显属于现有设计"与"属于现有设计"在实际的审查工作中通常并没有实质的区别。

申请人对申请文件的修改超出原图片或者照片表示的范围。

另据《专利审查指南》第一部分第三章第3.5节之规定，申请文件存在明显实质性缺陷，在审查员发出审查意见通知书后，经申请人陈述意见或者修改后仍然没有消除的，或者申请文件存在形式缺陷，审查员针对该缺陷已发出过两次补正通知书，经申请人陈述意见或者补正后仍然没有消除的，审查员可以作出驳回决定。

另需说明的是，从笔者在五家专利代理机构调研所了解的情况看，近年来，导致实用新型专利申请被驳回的主要原因是实用新型专利申请不具备新颖性，其次则是说明书公开不充分，再次则是实用新型专利申请不属于实用新型专利的保护客体——权利要求包含了涉及材料或方法改进的技术特征；导致外观设计专利申请被驳回的主要原因是外观设计专利申请属于现有设计，其次则是不属于外观设计专利的保护客体，以其他原因被驳回的极为罕见。[1]

（3）国家知识产权驳回专利申请前的告知义务。综上，实用新型专利申请、外观设计专利申请和发明专利申请均有可能因形式缺陷或者明显的实质性缺陷在初步审查程序中被驳回，而更多的发明专利申请则是因实质性缺陷在实质审查程序中被驳回。无论哪种类型的专利申请，也无论专利申请因何种缺陷被驳回，国家知识产权局都应在作出驳回决定之前，向申请人告之驳回其专利申请的理由和依据，并且给申请人至少一次陈述意见和/或修改申请文件的机会。

2. 驳回申请的行政救济程序

根据《专利法》第41条第1款的规定，专利申请人对国务院专利行政部门（国家知识产权局）驳回申请的决定不服的，可以自收到通知之日起3个

---

[1] 从笔者在5家专利代理机构调研所了解的情况看，2014年到2018年5年期间，因实用新型专利申请不具备新颖性而被驳回（包括视为撤回）的数量分别占这5家专利代理机构所代理的被驳回（包括视为撤回）的实用新型专利申请总量的92.4%、93.3%、93.4%、89.8%、93.6%；因说明书公开不充分而被驳回的数量分别占被驳回的实用新型申请总量的7.2%、6.3%、6.6%、9.1%、6.4%；因外观设计属于现有设计而被驳回（包括视为撤回）的数量分别占这五家专利代理机构所代理的被驳回（包括视为撤回）的外观设计专利申请总量的98.8%、100%、97.5%、96.5%、100%；因不属于外观设计专利的保护客体而被驳回的分别占1.2%、0.0%、2.5%、3%、0.0%。另需说明的是，虽然从数据上说，在这5家专利代理机构所代理的实用新型和外观设计专利申请中，因不具备新颖性或者属于现有设计而被驳回的实用新型专利申请和外观设计专利申请的比例很高，但是，由于总的授权率很高，可以说这5家专利代理机构还是很专业的。

月内，向专利复审委员会（国家知识产权局）请求复审。专利复审委员会（国家知识产权局）复审后，作出决定，并通知专利申请人。

（1）复审请求的前置审查。前置审查是专利复审委员会（国家知识产权局）受理复审请求书之后，作出复审决定之前，由国家知识产权局原审查部门针对驳回决定所依据的理由和证据，以及复审请求人陈述的意见，或者复审请求人陈述的意见和提交的申请文件修改文本，进行审查并提出前置审查意见的程序。原审查部门作出的前置审查意见是以国家知识产权局的名义作出，而不是以原审查部门的名义作出的。根据《专利法实施细则》第62条的规定，专利复审委员会（国家知识产权局）应当将受理的复审请求书转交国务院专利行政部门（国家知识产权局）原审查部门进行审查。原审查部门根据复审请求人的请求，同意撤销原决定的，专利复审委员会应当据此作出复审决定，并通知复审请求人。

前置审查意见分为下列三种情况：①复审请求成立，同意撤销驳回决定。②复审请求人提交的申请文件修改文本克服了申请中存在的缺陷，同意在修改文本的基础上撤销驳回决定。③复审请求人陈述的意见和提交的申请文件修改文本不足以使驳回决定被撤销，因而坚持驳回决定。

前置审查意见同意撤销驳回决定的（包括在修改文本的基础上撤销驳回决定），专利复审委员会（国家知识产权局）将作出撤销驳回决定的复审决定。前置审查意见坚持驳回决定的，专利复审委员会（国家知识产权局）继续进行审查。

（2）理由和证据的审查。根据《专利审查指南》第四部分第一章第2.4节的规定，专利复审委员会（国家知识产权局）可以对所审查的案件依职权进行审查，而不受当事人请求的范围和提出的理由、证据的限制。当然，这是一个原则性的规定，并不意味着专利复审委员会（国家知识产权局）在复审程序中的审查范围不受限制。根据《专利审查指南》第四部分第二章第4节的规定，在复审程序中，专利复审委员会（国家知识产权局）一般仅针对驳回决定所依据的理由和证据进行审查，不承担对专利申请全面审查的义务；除驳回决定所依据的理由和证据外，合议组发现审查文本中存在下列缺陷的，可以对与之相关的理由及其证据进行审查，并且经审查认定后，应当依据该理由及其证据作出维持驳回决定的审查决定：①足以用在驳回决定作出前已告知过申请人的其他理由及其证据予以驳回的缺陷。②驳回决定未指出的明显实质性缺陷或者与驳回决定所指出缺陷性质相同的缺陷。

在合议审查中，合议组可以引入所属技术领域的公知常识，或者补充相应的技术词典、技术手册、教科书等所属技术领域中的公知常识性证据。

（3）修改文本的审查。在提出复审请求、答复复审通知书（包括复审请求口头审理通知书）或者参加口头审理时，复审请求人可以对申请文件进行修改。但是，所作修改应当符合《专利法》第33条和《专利法实施细则》第61条第1款的规定。

根据《专利法实施细则》第61条第1款的规定，复审请求人对申请文件的修改应当仅限于消除驳回决定或者合议组指出的缺陷。下列情形通常不符合上述规定：①修改后的权利要求相对于驳回决定针对的权利要求扩大了保护范围。②将与驳回决定针对的权利要求所限定的技术方案缺乏单一性的技术方案作为修改后的权利要求。③改变权利要求的类型或者增加权利要求。④针对驳回决定指出的缺陷未涉及的权利要求或者说明书进行修改。但修改明显有文字错误，或者修改与驳回决定所指出缺陷性质相同的缺陷的情形除外。

在复审程序中，复审请求人提交的申请文件不符合《专利法实施细则》第61条第1款规定的，专利复审委员会（国家知识产权局）一般不予接受，并应当在复审通知书中说明该修改文本不能被接受的理由，同时对之前可接受的文本进行审查。如果修改文本中的部分内容符合《专利法实施细则》第61条第1款的规定，专利复审委员会（国家知识产权局）可以对该部分内容提出审查意见，并告知复审请求人应当对该文本中不符合《专利法实施细则》第61条第1款规定的部分进行修改，并提交符合规定的文本，否则合议组将以之前可接受的文本为基础进行审查。

（4）审查方式。根据《专利审查指南（2010）》第四部分第二章第4.3节的规定，针对一项复审请求，专利复审委员会（国家知识产权局）可以采取书面审理、口头审理或者书面审理与口头审理相结合的方式进行审查；有下列情形之一的，专利复审委员会（国家知识产权局）应当发出复审通知书（包括复审请求口头审理通知书）或者进行口头审理：①复审决定将维持驳回决定。②需要复审请求人依照专利法及其实施细则和审查指南有关规定修改申请文件，才有可能撤销驳回决定。③需要复审请求人进一步提供证据或者对有关问题予以说明。④需要引入驳回决定未提出的理由或者证据。

针对专利复审委员会（国家知识产权局）发出的复审通知书，复审请求人应当在收到该通知书之日起1个月内针对通知书指出的缺陷进行书面答复；期满未进行书面答复的，其复审请求视为撤回。复审请求人提交无具体答复内容的意见陈述书的，视为对复审通知书中的审查意见无反对意见。

针对专利复审委员会（国家知识产权局）发出的复审请求口头审理通知书，复审请求人应当参加口头审理或者在收到该通知书之日起1个月内针对通知书指出的缺陷进行书面答复；如果该通知书已指出申请不符合专利法及其实施细则和审查指南有关规定的事实、理由和证据，复审请求人未参加口头审理且期满未进行书面答复的，其复审请求视为撤回。

另据《专利审查指南（2010）》第四部分第四章第2节的规定，复审请求人可以依据下列理由请求进行口头审理：①需要当面向合议组说明事实或者陈述理由。②需要实物演示。复审请求人提出口头审理请求的，合议组根据案件的具体情况决定是否进行口头审理。

（5）复审决定。专利复审委员会（国家知识产权局）的复审决定分为下列三种类型：①复审请求不成立，维持驳回决定。②复审请求成立，撤销驳回决定。③专利申请文件经复审请求人修改，克服了驳回决定所指出的缺陷，在修改文本的基础上撤销驳回决定。

复审决定撤销原审查部门作出的决定的，专利复审委员会（国家知识产权局）应当将有关的案卷返回原审查部门，由原审查部门继续审批程序。原审查部门应当执行专利复审委员会（国家知识产权局）的复审决定，不得以同样的事实、理由和证据作出与该复审决定意见相反的决定。

3. 不服复审决定的司法救济程序

根据《专利法》第41条第2款的规定，专利申请人对专利复审委员会（国家知识产权局）维持驳回决定的复审决定不服的，可以自收到通知之日起3个月内，以专利复审委员会（国家知识产权局）为被告，以维持驳回决定的复审决定为被诉行政行为，向人民法院起诉。具体地说，自2014年11月6日起，向北京知识产权法院起诉，而在此之前则是向北京市第一中级人民法院起诉。

一审法院的判决包括驳回诉讼请求（亦即维持复审决定）和撤销专利复审委员会（国家知识产权局）的复审决定并判令其重新作出复审决定两

种结果。

专利申请人对一审法院维持复审决定的判决不服的,可以自判决书送达之日起 15 日内向上级法院提起上诉。具体地说,自 2019 年 1 月 1 日起,向最高人民法院提起上诉,而在此之前,则是向北京市高级人民法院提起上诉。

专利复审委员会(国家知识产权局)对一审法院撤销其复审决定并判令其重新作出复审决定的判决不服的,可以自判决书送达之日起 15 日内向上级法院提起上诉。

专利申请人或专利复审委员会(国家知识产权局)认为二审法院的终审判决确有错误的,可以向最高人民法院申请再审。

(二)专利确权行政诉讼

专利确权行政诉讼是专利权人或者无效宣告请求人因不服专利复审委员会(国家知识产权局)在专利无效宣告程序作出的宣告专利无效或者维持专利权有效的审查决定而提起的以专利复审委员会(国家知识产权局)为被告,以宣告专利无效或者维持专利权有效的审查决定为被诉行政行为的行政诉讼。

1. 请求宣告专利权无效

(1)请求宣告专利权无效的法律依据。根据《专利法》第 45 条的规定,自国务院专利行政部门公告授予专利权之日起,任何单位或者个人认为该专利权的授予不符合专利法有关规定的,可以请求专利复审委员会宣告该专利权无效。

根据《专利法实施细则》第 65 条第 1 款的规定,依照《专利法》第 45 条的规定,请求宣告专利权无效或者部分无效的,应当向专利复审委员会提交专利权无效宣告请求书和必要的证据一式两份。无效宣告请求书应当结合提交的所有证据,具体说明无效宣告请求的理由,并指明每项理由所依据的证据。另据《专利法实施细则》第 65 条第 2 款的规定,前款所称无效宣告请求的理由,是指被授予专利的发明创造不符合《专利法》第 2 条、[1] 第 20 条

---

[1] 不属于专利法所规定的发明、实用新型或外观设计。

第 1 款、[1]第 22 条、[2]第 23 条、[3]第 26 条第 3 款、[4]第 4 款、[5]第 27 条第 2 款、[6]第 33 条[7]或者本细则第 20 条第 2 款、[8]第 43 条第 1 款[9]的规定，或者属于《专利法》第 5 条、[10]第 25 条[11]的规定，或者依照《专利法》第 9 条[12]规定不能取得专利权。

（2）无效宣告请求的范围、理由及证据。根据《专利审查指南（2010）》第四部分第三章第 3.3 节的规定，无效宣告请求书中应当明确无效宣告请求范围，未明确的，专利复审委员会（国家知识产权局）应当通知请求人在指定期限内补正；期满未补正的，无效宣告请求视为未提出。

所谓无效宣告请求范围，对发明或实用新型专利来说，是指请求宣告无效的权利要求的项数，亦即是请求宣告全部权利要求无效，还是请求宣告部分权利要求无效；对外观设计专利而言，包括两种情况，其一，对于包含有若干个具有独立使用价值的产品的一件外观设计专利，是请求宣告其中一部分产品的外观设计专利无效，还是请求宣告全部产品的外观设计专利无效；其二，对于包含同一产品的多项相似外观设计的一件外观设计专利来说，是请求宣告部分外观设计无效，还是请求宣告全部外观设计无效。

请求人应当具体说明无效宣告理由，提交有证据的，应当结合提交的所有证据具体说明。对于发明或者实用新型专利需要进行技术方案对比的，应当具体描述涉案专利和对比文件中相关的技术方案，并进行比较分析；对于外观设计专利需要进行对比的，应当具体描述涉案专利和对比文件中相关的图片或者照片表示的产品外观设计，并进行比较分析。例如，请求人针对《专利法》第 22 条第 3 款的无效宣告理由提交多篇对比文件的，应当指明与

---

[1] 向外国申请发明或者实用新型专利未事先向国家知识产权局申请保密审查。
[2] 发明和实用新型不具备新颖性、创造性、实用性。
[3] 外观设计属于现有设计，或者与现有设计或现有设计特征的组合没有明显区别。
[4] 说明书公开不充分。
[5] 权利要求书未以说明书为依据，或者没有清楚、简要地限定要求专利保护的范围。
[6] 申请人提交的有关图片或者照片没有清楚显示外观设计。
[7] 申请文件的修改超出原说明书和权利要求书记载的范围。
[8] 独立权利要求缺必要技术特征。
[9] 分案申请超出原申请记载的范围。
[10] 违反法律、社会公德或者妨害公告利益的发明创造，以及违法利用遗传资源的发明创造。
[11] 涉及专利权排除的客体。
[12] 违反禁止重复授权原则。

请求宣告无效的专利最接近的对比文件以及单独对比还是结合对比的对比方式，具体描述涉案专利和对比文件的技术方案，并进行比较分析。如果是结合对比，存在两种或者两种以上结合方式的，应当指明具体结合方式。对于不同的独立权利要求，可以分别指明最接近的对比文件。请求人未具体说明无效宣告理由的，或者提交有证据但未结合提交的所有证据具体说明无效宣告理由的，或者未指明每项理由所依据的证据的，其无效宣告请求不予受理。

（3）无效宣告理由的增加或者补充证据。根据《专利法实施细则》第67条的规定，在专利复审委员会（国家知识产权局）受理无效宣告请求后，请求人可以在提出无效宣告请求之日起1个月内增加理由或者补充证据。逾期增加理由或者补充证据的，专利复审委员会可以不予考虑。

根据《专利审查指南（2010）》第四部分第三章第4.1节的规定，请求人在提出无效宣告请求之日起1个月内增加无效宣告理由的，应当在该期限内对所增加的无效宣告理由具体说明，否则，专利复审委员会不予考虑；请求人在提出无效宣告请求之日起1个月后增加无效宣告理由的，专利复审委员会一般不予考虑，但下列情形除外：① 针对专利权人以删除以外的方式修改的权利要求，在专利复审委员会指定期限内针对修改内容增加无效宣告理由，并在该期限内对所增加的无效宣告理由具体说明的；② 对明显与提交的证据不相对应的无效宣告理由进行变更的。

根据《专利审查指南（2010）》第四部分第三章第4.3.2节的规定，专利权人应当在专利复审委员会指定的答复期限内提交证据，但对于技术词典、技术手册和教科书等所属技术领域中的公知常识性证据或者用于完善证据法定形式的公证文书、原件等证据，可以在口头审理辩论终结前补充。

专利权人提交或者补充证据的，应当在上述期限内对提交或者补充的证据具体说明。专利权人提交的证据是外文的，提交其中文译文的期限适用该证据的举证期限。专利权人提交或者补充证据不符合上述期限规定或者未在上述期限内对所提交或者补充的证据具体说明的，专利复审委员会不予考虑。

（4）无效宣告程序中专利文件的修改。无效宣告程序中，发明或者实用新型专利的专利权人可以修改权利要求书，但修改方式受到极大的限制。综合《专利法》第33条、《专利法实施细则》第69条和《专利审查指南（2010）》第四部分第三章第4.6节之规定，在无效宣告请求的审查过程中，发明或者实用新型专利的专利权人可以修改其权利要求书，但是不得扩大原专利的保护范围,[1]也不得修改说明书和附图,并且修改权利要求书的具体方式一般限于权利要求的删除、技术方案的删除、权利要求的进一步限定、明显错误的修正。至于无效宣告程序中的外观设计专利,《专利法实施细则》第 69 条第 2 款明确规定,外观设计专利权人不得修改图片、照片和简要说明,这意味着在无效宣告程序中,外观设计专利权人实质上没有任何修改的机会。

根据国家知识产权局第 74 号令的规定,权利要求的进一步限定是指在权利要求中补入其他权利要求中记载的一个或者多个技术特征,以缩小保护范围。

权利要求的删除是指从权利要求书中去掉某项或者某几项权利要求,例如删除独立权利要求或者从属权利要求。技术方案的删除是指从同一权利要求中并列的两个以上技术方案中删除一个或者一个以上技术方案。

关于权利要求的删除、技术方案的删除,兹举例说明,假定某实用新型专利的权利要求书由下述三项权利要求构成:①一种结晶分离装置,包括罐体、冻水进水管、出水管和过滤网;所述罐体上设有工作液进液口、排液口;所述冷冻水进水管、出水管分别从所述罐体外插入到所述罐体内,并在所述罐体内连通;所述过滤网设置在所述工作液排液口处。②如权利要求①所述的结晶分离装置,其特征在于:所述工作液进液口设置在所述罐体的下部;所述工作液排液口设置在所述罐体的上部;所述过滤网设置在所述罐体的上部、靠近所述工作液排液口处的下方,其形状和大小与所述罐体在该位置的横切面的形状和大小相匹配。③如权利要求①或②所述的结晶分离装置,其特征在于:所述罐体内还设有至少 1 层冷却盘管,最好是 6 层冷却盘管,所述冷却盘管分别固定连接在所述冷冻水进水管、出水管上,并与所述冷冻水进水管、出水管相通。

无效宣告请求人请求宣告该实用新型专利的全部权利要求无效,理由是:权利要求①相对于对比文件 1 不具备新颖性,权利要求②相对于对比文件 1 和对比文件 2 的结合不具备创造性,权利要求③的保护范围不清楚。

经过分析,请求人请求宣告权利要求①和权利要求②无效的理由成立,

---

[1] 独立权利要求中的某一个技术特征含义模糊,说明书和附图也不能毫无疑义地确定其含义,而删除该特征后的独立权利要求则构成一个清楚完整且得到说明书支持的技术方案,但即便如此,在无效宣告程序中,专利权人也不得删除该技术特征,这是因为,删除该技术特征将扩大原专利的保护范围。

并且权利要求③也确实存在保护范围不清楚的问题。但是,冷却盘管确实是一个对现有技术作出贡献的区别技术特征,而权利要求③保护范围不清楚的缺陷也可通过删除"最好是 6 层冷却盘管"这一表述所限定的技术方案来克服。为此,可以将原权利要求书修改如下:①一种结晶分离装置,包括罐体、冻水进水管、出水管和过滤网;所述罐体上设有工作液进液口、排液口;所述冷冻水进水管、出水管分别从所述罐体外插入到所述罐体内,并在所述罐体内连通;所述过滤网设置在所述工作液排液口处;其特征在于:所述罐体内还设有至少 1 层冷却盘管,所述冷却盘管分别固定连接在所述冷冻水进水管、出水管上,并与所述冷冻水进水管、出水管相通。②如权利要求①所述的结晶分离装置,其特征在于:所述工作液进液口设置在所述罐体的下部;所述工作液排液口设置在所述罐体的上部;所述过滤网设置在所述罐体的上部、靠近所述工作液排液口处的下方,其形状和大小与所述罐体在该位置的横切面的形状和大小相匹配。

上述修改是通过权利要求的删除(删除原权利要求①)和技术方案的删除(删除原权利要求③中"最好是 6 层冷却盘管"这一表述所限定的技术方案)来实现的。值得注意的是,技术方案的删除与技术特征的删除在形式上可能差别不大,但实质上是不同的。例如,某专利的独立权利要求如下:①一种 M,包括 A、B、C,其特征在于:还包括 D 或 E。由于技术特征 E 含义模糊,导致该权利要求不清楚,专利权人便将该独立权利要求改为:①一种 M,包括 A、B、C,其特征在于:还包括 D。从表面上看,专利权人所删除的似乎只是技术特征 E,但究其实质,专利权人所删除的是一个以 M 为主题的、包括技术特征 A、B、C、E 的技术方案。这种修改方式是允许的。现在又假定,另一专利的独立权利要求如下:①一种 M,包括 A、B、C,其特征在于:还包括 D 和 E。由于技术特征 E 含义模糊,导致该权利要求不清楚,专利权人便将该权利要求改为:①一种 M,包括 A、B、C,其特征在于:还包括 D。

这种修改只涉及技术特征的删除,由于修改后的权利要求扩大了保护范围,因此,这种修改方式是不允许的。

关于权利的进一步限定,假定某发明专利的权利要求书如下:①一种抛光轮,由家畜动物皮革的下脚废料为基材制作的、厚度为 2 毫米~4 毫米的、直径相等的圆形料片逐层整齐叠合,并用胶粘剂黏合而成。②一种制作抛光轮的方法，包括下述步骤：步骤一，将家畜动物皮革的下脚废料制成皮革丝条；步骤二，将所述皮革丝条缝制成厚度为2毫米~4毫米的片状材料；步骤三，将所述片状材料加工成直径相等的圆形料片；步骤四，将所述圆形料片逐层整齐叠合，并用胶粘剂黏合。③如权利要求②所述的制作抛光轮的方法，其特征在于：在执行步骤二之前，用质量浓度为5%的酒石酸溶液浸泡所述皮革丝条，浸泡的时间为3小时~4小时。④如权利要求②或者③所述的制作抛光轮的方法，其特征在于：在执行步骤四之前，在所述胶粘剂中，添加木质素磺酸盐和质量浓度为25%~30%的盐酸，并调匀，所添加的量是，在每100克所述胶粘剂中，加入2克~5克木质素磺酸盐，2毫升~3毫升质量浓度为25%~30%的盐酸。

无效宣告请求人请求宣告权利要求①（对比文件1破坏其新颖性）、权利要求②（对比文件1破坏其新颖性）、权利要求③（对比文件1和对比文件2的结合破坏其创造性）无效。

经过分析，无效宣告请求人请求宣告权利要求①至③无效的理由成立。为此，专利权人将原权利要求书修改如下：①一种抛光轮，由家畜动物皮革的下脚废料为基材制作的、厚度为2毫米~4毫米的、直径相等且中心有孔的圆形料片逐层整齐叠合，并用胶粘剂黏合而成，其特征在于：在每100克所述胶粘剂中，加入2克~5克木质素磺酸盐，2毫升~3毫升质量浓度为25%~30%的盐酸。②一种制作抛光轮的方法，包括下述步骤：步骤一，将家畜动物皮革的下脚废料制成皮革丝条；步骤二，将所述皮革丝条缝制成厚度为2毫米~4毫米的片状材料；步骤三，将所述片状材料加工成直径相等且中心有孔的圆形料片；步骤四，将所述圆形料片一片一片地整齐叠合，并用胶粘剂粘合；其特征在于：在执行步骤四之前，在所述胶粘剂中，添加木质素磺酸盐和质量浓度为25%~30%的盐酸，并调匀，所添加的量是，在每100克所述胶粘剂中，加入2克~5克木质素磺酸盐，2毫升~3毫升质量浓度为25%~30%的盐酸。③如权利要求②所述的制作抛光轮的方法，其特征在于：在执行步骤二之前，用质量浓度为5%的酒石酸溶液浸泡所述皮革丝条，浸泡的时间为3小时~4小时。

上述修改的关键是，将原本记载在权利要求④中的"在每100克所述胶粘剂中，加入2克~5克木质素磺酸盐，2毫升~3毫升质量浓度为25%~30%的盐酸"这一方法特征补入到原权利要求①中（产品权利要求中可以包含方法特征）。这种修改方式属于"国家知识产权局第74号令"所指的"权利要求的进一步限定"。

至于明显错误的修正，通常是指权利要求中存在明显的表达错误，且本领域技术人员根据说明书（有附图的包括附图）记载的内容，能够毫无疑义地确定正确的表达方式，则允许专利权人根据说明书记载的内容，修正权利要求的错误。

值得注意的是，根据《专利审查指南（2010）》的相关规定，无效宣告程序中，除修改权利要求书的具体方式受到严格限制外，修改权利要求书的期限也受到严格限制，亦即仅在下列三种情形的答复期限内，专利权人可以删除以外的方式修改权利要求书：① 针对无效宣告请求书。② 针对请求人增加的无效宣告理由或者补充的证据。③ 针对专利复审委员会（国家知识产权局）引入的请求人未提及的无效宣告理由或者证据。

2. 专利复审委员会（国家知识产权局）的审查

（1）形式审查通知书。专利复审委员会（国家知识产权局）收到无效宣告请求书之后将进行形式审查，根据《专利审查指南（2010）》第四部分第三章第3.7节的规定，专利复审委员会（国家知识产权局）将根据下述不同情况，发出相应的形式审查通知书：① 无效宣告请求经形式审查不符合专利法及其实施细则和审查指南有关规定需要补正的，专利复审委员会应当发出补正通知书，要求请求人在收到通知书之日起15日内补正。② 无效宣告请求视为未提出或者不予受理的，专利复审委员会应当发出无效宣告请求视为未提出通知书或者无效宣告请求不予受理通知书，通知请求人。③ 无效宣告请求经形式审查符合专利法及其实施细则和审查指南有关规定的，专利复审委员会应当向请求人和专利权人发出无效宣告请求受理通知书，并将无效宣告请求书和有关文件副本转送专利权人，要求其在收到该通知书之日起1个月内答复。专利权人就其专利委托了在专利权有效期内的全程代理的，所述无效宣告请求书和有关文件副本转送该全程代理的机构。④ 受理的无效宣告请求需等待在先作出的专利权无效或部分无效的审查决定生效而暂时无法审查的，专利复审委员会应当发出通知书通知请求人和专利权人；在先审查决定生效或者被人民法院生效判决予以撤销后，专利复审委员会应当及时恢复审查。⑤ 受理的无效宣告请求涉及专利侵权案件的，专利复审委员会可以应人民法院、地方知识产权管理部门或者当事人的请求，向处理该专利侵权案件的人民法院或者地方知识产权管理部门发出无效宣告请求案件审查状态通知书。

（2）审查范围。根据《专利审查指南（2010）》第四部分第三章第4.1节的规定，在无效宣告程序中，专利复审委员会（国家知识产权局）通常仅针对当事人提出的无效宣告请求的范围、理由和提交的证据进行审查，不承担全面审查专利有效性的义务。但是，专利复审委员会在下列情形可以依职权进行审查：①请求人提出的无效宣告理由明显与其提交的证据不相对应的，专利复审委员会（国家知识产权局）可以告知其有关法律规定的含义，允许其变更或者依职权变更为相对应的无效宣告理由。②专利权存在请求人未提及的明显不属于专利保护客体的缺陷，专利复审委员会可以引入相关的无效宣告理由进行审查。③专利权存在请求人未提及的缺陷而导致无法针对请求人提出的无效宣告理由进行审查的，专利复审委员会可以依职权针对专利权的上述缺陷引入相关无效宣告理由并进行审查。例如，无效宣告理由为独立权利要求①不具备创造性，但该权利要求因不清楚而无法确定其保护范围，从而不存在审查创造性的基础的情形下，专利复审委员会（国家知识产权局）可以引入涉及《专利法》第26条第4款的无效宣告理由并进行审查。④请求人请求宣告权利要求之间存在引用关系的某些权利要求无效，而未以同样的理由请求宣告其他权利要求无效，不引入该无效宣告理由将会得出不合理的审查结论的，专利复审委员会（国家知识产权局）可以依职权引入该无效宣告理由对其他权利要求进行审查。例如，请求人以权利要求①不具备新颖性、从属权利要求②不具备创造性为由请求宣告专利权无效，如果专利复审委员会认定权利要求①具有新颖性，而从属权利要求②不具备创造性，则可以依职权对权利要求①的创造性进行审查。⑤请求人以权利要求之间存在引用关系的某些权利要求存在缺陷为由请求宣告其无效，而未指出其他权利要求也存在相同性质的缺陷，专利复审委员会可以引入与该缺陷相对应的无效宣告理由对其他权利要求进行审查。例如，请求人以权利要求①增加了技术特征而导致其不符合《专利法》第33条的规定为由请求宣告权利要求①无效，而未指出从属权利要求②也存在同样的缺陷，专利复审委员会（国家知识产权局）可以引入《专利法》第33条的无效宣告理由对从属权利要求②进行审查。⑥请求人以不符合《专利法》第33条或者《专利法实施细则》第43条第1款的规定为由请求宣告专利权无效，且对修改超出原申请文件记载范围的事实进行了具体的分析和说明,但未提交原申请文件的,专利复审委员会(国家知识产权局)可以引入该专利的原申请文件作为证据。⑦专利复审委员会(国家知识产权局)可以依职权认定技术手段是否为公知常识,并可以引入技术词典、技术手册、教科书等所属技术领域中的公知常识性证据。

(3)审查方式。专利复审委员会(国家知识产权局)审理宣告专利权无效案件,采用书面审理或口头审理的方式,在无效宣告程序中,针对不同的情形,采用下列方式进行审查:①专利复审委员会已将无效宣告请求文件转送专利权人,并且指定答复期限届满后,无论专利权人是否答复,专利权人未要求进行口头审理,专利复审委员会认为请求人提交的证据充分,其请求宣告专利权全部无效的理由成立的,可以直接作出宣告专利权全部无效的审查决定;在这种情况下,请求人请求宣告无效的范围是宣告专利权部分无效的,专利复审委员会也可以针对该范围直接作出宣告专利权部分无效的决定。专利权人提交答复意见的,将答复意见随直接作出的审查决定一并送达请求人。②专利复审委员会已将无效宣告请求文件转送专利权人,并且指定答复期限届满后,无论专利权人是否答复,专利复审委员会认为请求人请求宣告无效的范围部分成立,可能会作出宣告专利权部分无效的决定的,专利复审委员会应当发出口头审理通知书,通过口头审理结案。专利权人提交答复意见的,将答复意见随口头审理通知书一并送达请求人。③专利复审委员会已将无效宣告请求文件转送专利权人,在指定答复期限内专利权人已经答复,专利复审委员会认为专利权人提交的意见陈述理由充分,将会作出维持专利权的决定的,专利复审委员会应当根据案情,选择发出转送文件通知书或者无效宣告请求审查通知书进行书面审查,或者发出口头审理通知书随附转送文件通知书,通过口头审理结案。④专利复审委员会已将无效宣告请求文件转送专利权人,在指定答复期限内专利权人没有答复,专利复审委员会认为请求人提交的证据不充分,其请求宣告专利权无效的理由不成立,将会作出维持专利权的决定的,专利复审委员会应当根据案情,选择发出无效宣告请求审查通知书进行书面审查,或者发出口头审理通知书,通过口头审理结案。在发出口头审理通知书后,由于当事人原因未按期举行口头审理的,专利复审委员会可以直接作出审查决定。

(4)无效宣告请求审查决定。专利复审委员会(国家知识产权局)针对无效宣告请求的审查决定分为下列三种类型:①宣告专利权全部无效,亦即宣告专利的全部权利要求无效。②宣告专利权部分无效，亦即宣告专利的部分权利要求无效，维持专利的另一部分权利要求有效。③维持专利权有效，亦即维持专利的全部权利要求有效。

当事人收到无效宣告请求审查决定后，未在法定期限内向人民法院起诉的，或者起诉后人民法院的生效判决维持该无效宣告请求审查决定的，该无效宣告请求审查决定生效。被已生效的无效宣告请求审查决定宣告无效的专利权，被视为自始即不存在。

3. 当事人不服审查决定的司法救济程序

根据《专利法》第46条第2款的规定，专利权人对专利复审委员会（国家知识产权局）宣告其专利权无效（包括部分无效）的审查决定不服的，可以自收到通知之日起3个月内，以专利复审委员会（国家知识产权局）为被告，以宣告专利权无效的审查决定为被诉行政行为，向人民法院起诉，人民法院应当通知无效宣告请求程序的对方当事人作为第三人参加诉讼。具体地说，自2014年11月6日起向北京知识产权法院起诉，而在此之前则是向北京市第一中级人民法院起诉。

无效宣告请求人对专利复审委员会（国家知识产权局）维持专利权有效（包括部分有效）的审查决定不服的，可以自收到通知之日起3个月内，以专利复审委员会（国家知识产权局）为被告，以维持专利权有效的审查决定为被诉行政行为，向人民法院起诉，人民法院应当通知专利权人作为第三人参加诉讼。

一审法院的判决包括驳回原告的诉讼请求（维持审查决定）和撤销专利复审委员会（国家知识产权局）的审查决定并判令专利复审委员会（国家知识产权局）重新作出审查决定两种结果。

无效宣告请求人对一审法院维持专利复审委员会（国家知识产权局）维持专利权有效的审查决定的判决不服的，或者对北京知识产权法院撤销专利复审委员会（国家知识产权局）宣告专利权无效的审查决定的判决不服的，可以自判决书送达之日起15日内向上级法院提起上诉，专利权人作为第三人参加二审。具体地说，自2019年1月1日起，向最高人民法院提起上诉，而在此之前则是向北京市高级人民法院提起上诉。

专利权人对一审法院维持专利复审委员会（国家知识产权局）宣告专利权无效的审查决定的判决不服的，或者对一审法院撤销专利复审委员会（国家知识产权局）维持专利权有效的审查决定的判决不服的，可以自判决书送达之日起 15 日内向上级法院提起上诉，无效宣告请求人作为第三人参加二审。

专利复审委员会（国家知识产权局）对一审法院撤销其宣告专利权无效的审查决定的判决不服的，可以自判决书送达之日起 15 日内向上级法院提起上诉；无效宣告请求人如果未上诉，则作为第三人参加二审。专利复审委员会（国家知识产权局）对北京知识产权法院撤销其维持专利权有效的审查决定的判决不服的，可以自判决书送达之日起 15 日内向上级法院提起上诉；专利权人如果未上诉，则作为第三人参加二审。

无效宣告请求人、专利权人或者专利复审委员会（国家知识产权局）认为二审法院的终审判决确有错误的，可以向最高人民法院申请再审。

（三）专利授权确权行政诉讼的若干程序问题分析

1. 公知常识或惯常设计的证明责任问题

在发明专利申请的审批程序和复审程序中，以及发明或实用新型专利申请授权后的无效宣告审查程序中，被评价的独立权利要求中的区别技术特征或者被评价的从属权利要求中的附加技术特征是否属于发明或实用新型所属技术领域（亦称为本领域）的公知常识是判定该权利要求是否具备创造性的重要依据之一。《专利审查指南（2010）》没有给公知常识下定义，而只是以举例的方式指出"本领域中解决该重新确定的技术问题的惯用手段，或教科书或者工具书等中披露的解决该重新确定的技术问题的技术手段"属于公知常识。[1]

关于公知常识，笔者曾就电力、机械、冶金、化工、汽车、船舶等技术

---

[1] 参见《专利审查指南（2010）》第二部分第四章第 3.2.1.1 节第（3）项之规定。另需说明的是，在专利审查的实践中，发明实际解决的技术问题是一个与对比文件的检索密切相关的动态问题。例如，假定发明人通过文献检索后，发现现有技术中的水杯都是没有盖的，如是发明人便发明了一种带有杯盖的水杯（权利要求①，其作用是防止飞尘污染饮用水，并提高水杯的保温效果），并在此基础上进一步采用了杯盖的顶部设有抓手或凸起（权利要求②，其作用是便于盖合和揭开杯盖）以及在杯盖的底部设置一圈与杯口相匹配的凸缘（权利要求③，其作用是防止杯盖从杯口上滑落）的技术方案。又假定，审查员也没有找到带有杯盖的水杯，则本发明与最接近的现有技术之间的区别技术特征在于带有杯盖，其实际解决的技术问题是怎样防止飞尘污染饮用水，并提高水杯的保温效果。再假定，审查员找到了带有杯盖且杯盖的顶部设有抓手的水杯，但是没有找到在杯盖的底部设置一圈与杯口相匹配的凸缘的水杯，则本发明与最接近的现有技术之间的区别技术特征在于在杯盖的底部设置一圈与杯口相匹配的凸缘，其实际解决的技术问题，亦即审查员重新确定的技术问题，是怎样防止杯盖从杯口上滑落。

领域的教科书以及技术手册、技术字典等工具书的编撰工作及其与公知常识的关系问题向部分主持或参与过相关教科书、工具书编撰工作的专家请教。专家们表示：在编撰教科书、工具书时，教科书、工具书所属技术领域的、为该领域技术人员广为知晓的普通技术知识，特别是仍然具有应用价值的普通技术知识，亦即并未因技术的发展而被淘汰的技术知识，通常会纳入到教科书、工具书中；但是，受教科书、工具书篇幅的限制，并非所有的广为知晓的普通技术知识都会纳入到教科书、工具书中。例如，有的普通技术知识，或者"太普通"，本领域技术人员都懂的，或者本领域技术人员都"意会"并且经常使用的，但又不容易用书面语言准确描述或者用书面语言描述很费力，便没有以书面的形式记载在教科书、工具书中；此外，一些数十年前甚至百年以前就已经存在的、在当代已经不再适用的普通技术知识，除非"十分经典"，通常不会纳入到教科书、工具书中。综合专家们的观点，本书认为，所谓公知常识，是指发明或实用新型所属技术领域中的、广为知晓或者曾经广为知晓的普通技术知识，包括所属技术领域的教科书或者技术手册、技术字典等工具书明确记载的普通技术知识以及所属技术领域的技术人员在日常工作中经常使用或者曾经经常使用的其他普通技术知识。

与发明或实用新型专利或专利申请所面临的公知常识认定问题类似，在外观设计专利申请的审批程序、复审程序以及授权后的无效宣告程序中，被评价的外观设计是否属于惯常设计，也常常用来评价该外观设计专利申请或外观设计专利是否符合《专利法》第23条第1款的规定。所谓惯常设计，根据《专利审查指南（2010年）》第四部分第五章第2节的规定，是指现有设计中一般消费者所熟知的、只要提到产品名称就能想到的相应设计。例如，提到包装盒就能想到其有长方体、正方体形状的设计。

当某项权利要求与最接近的现有技术之间的区别技术特征为本领域的公众常识时，或者所述区别技术特征为记载于本领域或相近领域的另一篇对比文件中的、起相同作用的技术手段（技术特征）与本领域的公众常识的结合时，通常可判定该权利要求不具备创造性。因此被评价的权利要求中的区别技术特征为本领域的公知常识或者为公知常识与本领域或相近领域的其他对比文件所记载的起相同作用的技术手段的结合，是驳回发明专利申请的一个理由，也是在发明或实用新型专利申请授权后，请求宣告专利权无效的一个理由。

除用于判断创造性外，公知常识还可以用来论证说明书满足公开充分的要求，亦即权利要求所限定的技术方案在说明书中得到充分公开，使得本领域技术人员在阅读了说明书后，能够实现权利要求所限定的技术方案。例如，对于发明或实用新型专利申请来说，当被评价的权利要求中的某个特征只是点了名，例如包括"某某"，而说明书也只是简单地重复了权利要求的内容，亦即只是文字表达上给权利要求提供了形式上的支持，而没有对"某某"本身的结构特征及其与其他特征（产品部件）之间的连接关系、位置关系或者功能上的相互配合关系作出清楚、完整的描述时，审查员就有可能在审查意见通知书中指出说明书没有对该权利要求所限定的技术方案作出清楚、完整的说明，以致本领域技术人员不能够实现该权利要求所限定的技术方案，亦即说明书存在公开不充分、不符合《专利法》第26条第3款的缺陷。此时，如果申请人修改说明书，将"某某"本身的结构特征及其与其他特征（产品部件）之间的连接关系、位置关系或者功能上的相互配合关系写到修改后的说明书中，就会因违反《专利法》第33条而不被审查员接受。为了克服审查意见通知书所指出的缺陷，同时也为了避免犯修改超范围的错误，申请人往往会论述或举证证明"某某"本身的结构特征及其与该权利要求中的其他特征（产品部件）之间的连接关系、位置关系或者功能上的相互配合关系属于本领域的公知常识。如果审查员接受申请人所陈述的意见，则意味着说明书公开不充分的缺陷被消除。不过，这也意味着被评价的权利要求不具备创造性，故对于发明专利申请来说，审查员会进一步指出其不具备创造性的缺陷。当然，如果说明书中还记载了其他对现有技术作出贡献的且能够与所述被评价的权利要求结合起来，从而产生更好的技术效果的区别技术特征，或者所述区别技术特征已经作为附加的技术特征记载在所述被评价的权利的从属权利要求中，那么该发明专利申请在修改了权利要求之后，还是具备授权前景的。

目前，在发明专利申请的审批、复审程序中，审查员或合议组常常依职权认定被评价的权利要求中的区别技术特征或者多个区别技术特征中的部分区别技术特征为所属技术领域的公知常识或惯用手段，但多数情况下并没有举证证明所述区别技术特征为公知常识，也没有进行充分的说理。在发明或实用新型专利的无效宣告程序中，合议组偶尔也会依职权直接断言被评价的权利要求中的技术手段为公知常识而不举证予以证明。其实，根据《专利审查指南（2010）》第二部分第八章第4.10.2.2节（4）项的规定，审查员在审查意见通知书中引用的本领域的公知常识应当是确凿的，如果申请人对审查员引用的公知常识提出异议，审查员应当能够说明理由或提供相应的证据予以证明。然而，《专利审查指南（2010）》的这一关于审查员在发明专利申请的审批程序（实质审查程序）中对公知常识的认定负有举证责任或说明义务的规定并没有在复审程序和无效程序中得以彻底贯彻。例如，根据《专利审查指南（2010）》第四部分第二章第4.1节第（2）项之规定，在合议审查中，合议组可以引入所属技术领域的公知常识，或者补充相应的技术词典、技术手册、教科书等所属技术领域中的公知常识性证据，但没有规定合议组对其所认定的公知常识承担举证责任。又如，根据《专利审查指南（2010）》第四部分第三章第4.1节第（7）项之规定，专利复审委员会可以依职权认定技术手段是否为公知常识，并可以引入技术词典、技术手册、教科书等所属技术领域中的公知常识性证据，同样没有规定合议组对公知常识的认定承担举证责任。此外，在外观设计专利申请的审批、复审程序中，审查员或合议组也常常依职权认定被评价的外观设计属于所属产品类别的惯常设计，并且没有举证证明。

在无效程序中公知常识的举证证明责任问题上，与对合议组的要求不同，《专利审查指南（2010）》对当事人——无效宣告请求人或专利权人——的举证证明责任作了明确规定。根据《专利审查指南（2010）》第四部分第八章第4.3.3节的规定，在无效宣告程序中，主张某技术手段是本领域公知常识的当事人，对其主张承担举证责任。该当事人未能举证证明或者未能充分说明该技术手段是本领域公知常识，并且对方当事人不予认可的，合议组对该技术手段是本领域公知常识的主张不予支持。当事人可以通过教科书或者技术词典、技术手册等工具书记载的技术内容来证明某项技术手段是本领域的公知常识。此外，根据《专利审查指南（2010）》第四部分第八章的原则性规定，在外观设计专利的无效宣告程序中，无效宣告请求人对涉案外观设计属于惯常设计的主张也负有举证证明责任。

虽然《专利审查指南（2010）》未规定合议组在复审程序中对公知常识的认定负有举证证明责任或者相应的说明义务，但是，如果审查员在发明专利申请的审批程序（实质审查程序）中，以区别技术特征属于公知常识为由认定发明专利申请不具备创造性并就此作出驳回该发明专利申请的决定，申请人对驳回决定不服——特别是对区别技术特征属于公知常识的认定有不同意见，向专利复审委员会申请复审，专利复审委员会在随后的复审程序中以同样的理由作出了维持驳回决定的复审决定，并且既未就区别技术特征属于公知常识提供证据予以证明，也未就区别技术特征属于公知常识进行充分的说理，那么，在后续的专利授权诉讼程序中，北京知识产权法院有可能作出撤销复审决定的判决。[1]同样，在专利确权诉讼中，北京市高级人民法院认为：专利复审委员会依职权认定公知常识时，应当给予当事人对此陈述意见的机会，在当事人不予认可的情况下，专利复审委员会应当对此予以举证。[2]

在专利复审委员会应当对其所认定的公知常识负有举证证明责任或充分说明义务的问题上，本书完全赞成北京知识产权法院和北京市高级人民法院的观点，姑且不说《专利审查指南（2010）》第二部分第八章第4.10.2.2节对审查员（实际上是对国家知识产权局）认定公知常识的举证证明责任或相应的说明义务作了规定，将这一规定准用于复审程序和无效宣告程序并不存在法理上的障碍，即便《专利审查指南（2010）》没有相应的规定，依据《行政诉讼法》第34条以及相关司法解释的规定，也同样可以得出专利复审委员会（国家知识产权局）应当对其所认定的公知常识负有举证证明责任或者充分说明的义务。同理，专利复审委员会（国家知识产权局）应当对其所认定的惯常设计负有举证证明责任或者充分说明的义务。

另需说明的是，正如部分主持或参与过教科书、工具书编撰工作的专家们所言，并非所有的公知常识都会纳入教科书、工具书中，公知常识还包括未记载在教科书、工具书中，若干年前曾被广泛使用而现在已经不怎么使用的普通技术知识，故确有部分公知常识是不容易举证证明的。因此，对公知常识的认定，除了举证证明以外，充分说明也很重要。那么，怎样的说明才是充分的？专家们表示需要具体问题具体分析，总的原则是：虽未明确记载在教科书、工具书中，但是，直接依据所属技术领域中常用的定理、定律或公式进行简单的推理或演绎即可得到技术手段，原则上均可纳入公知常识的范畴。

2. 申请日补交实验数据的审查与采信问题

专利法及其实施细则均为直接涉及实验数据或实验证据的提交或补交问题，实验数据的提交或补交作为一个问题提出来，源于《专利法》第26条第

---

[1] 参见北京知识产权法院行政判决书［2015］京知行初字第3495号。
[2] 参见北京市高级人民法院行政判决书［2013］高行终字第2029号。

3款关于说明书公开充分的规定,以及不同版本的《审查指南》[1]或《专利审查指南》的相关规定。例如,根据《专利审查指南(2010)》第二部分第二章第2.2.4节第(3)项的规定,机械、电气领域中的发明或实用新型的有益效果,在某些情况下,可以结合发明或实用新型的结构特征和作用方式进行说明。但是,化学领域中的发明,在大多数情况下,不适于用这种方式说明发明的有益效果,而是借助于实验数据来说明。又如,根据《专利审查指南(2010)》第二部分第二章第2.1.3节第(5)项之规定,说明书中给出了具体的技术方案,但未给出实验证据,而该方案又必须依赖实验结果加以证实才能成立,则可认为该技术方案缺乏解决技术问题的技术手段而无法实现。例如,对于已知化合物的新用途发明,通常情况下,需要在说明书中给出实验证据来证实其所述的用途以及效果,否则将无法达到能够实现的要求。其他版本的《审查指南》,例如1993年版《审查指南》、2001年版《审查指南》、2006年版《审查指南》在实验数据或实验证据的提交以满足发明专利申请公开充分的问题上也有类似规定。

既然不同版本的《审查指南》和《专利审查指南》均对实验数据的提交作了原则性规定,并且化学领域的发明专利申请原则上应提交实验数据用以证明其请求保护的技术方案(权利要求)相对于现有技术具有说明书所声称的技术效果并且能够实现,那么,为什么会产生实验数据的补交问题呢?主要原因如下:

第一,部分化学领域的发明专利申请没有委托专业的专利代理机构,申请人也不了解《审查指南》或《专利审查指南》的相关规定,在其原始提交的专利申请文本中,没有记载任何实验数据,直到审查意见通知书指出说明书公开不充分时,申请人才补交实验数据。

第二,原始提交的发明专利申请文本记载了实验数据,并且能够根据原始提交的实验数据证明该发明相对于现有技术具有有益效果,但审查员在实质审查程序中找到了新的对比文件,并指出该发明相对于现有技术不具有创造性,申请人为了证明其发明相对于新的对比文件具有意料不到的技术效果,补充提交新的实验数据。

---

[1]《审查指南》1993年由原国家专利局发布,后经2001年、2006年、2009年历次修改(现已失效),于2010年由国家知识产权局发布的《专利审查指南》替代。下文出现《审查指南》不再赘述。

第三，原始提交的发明专利申请文本记载了实验数据，但不充分、全面，申请人随后补交实验数据。

第四，不同版本的《审查指南》或《专利审查指南》对实验数据的补交有不同规定。例如，根据1993年版《审查指南》和2001年版《审查指南》的规定，申请人可以在申请日之后补交实验数据供审查员参考；又如根据2006年版《审查指南》的规定，对申请人在申请日之后补交的实验数据不予考虑；再如，2010年2月1日起施行的《专利审查指南》第二部分第十章第3.4节第（2）项原本规定对申请日之后补交的实验数据不予考虑，但是，国家知识产权局〔2017〕第74号令——《关于修改〈专利审查指南〉的决定》——修订后《专利审查指南》则规定：对于申请日之后补交的实验数据，审查员应当予以审查；补交实验数据所证明的技术效果应当是所属技术领域的技术人员能够从专利申请公开的内容中得到的。由于对具体案件所适用的《审查指南》版本有不同理解，北京知识产权法院和北京市高级人民法院曾在事实认定并无不同的情况下，对一起专利授权行政案件作出了结果完全不同的判决。[1]

针对实验数据的补交问题，最高人民法院于2018年6月1日公布的《最高人民法院关于审理专利授权确权行政案件若干问题的规定（一）》（公开征求意见稿）作了相应的规定，根据该征求意见稿第13条的规定，化学发明专利申请人、专利权人在申请日以后提交实验数据，用于进一步证明说明书记载的技术效果已经被充分公开，且该技术效果是本领域技术人员在申请日根据说明书、附图以及公知常识能够确认的，人民法院一般应予审查。化学发明专利申请人、专利权人在申请日以后提交实验数据，用于证明专利申请或专利具有与对比文件不同的技术效果，且该技术效果是本领域技术人员在申请日从专利申请文件公开的内容可以直接、毫无疑义地确认的，人民法院一般应予审查。

另据该征求意见稿第14条的规定，当事人提交实验数据的，人民法院可以要求其举证证明实验数据的来源和形成过程，包括实验原料及其来源，实验步骤、条件或者参数，实验人员和场所等足以影响其真实性的因素。当事人对实验数据的真实性有争议的，人民法院可以依法委托具有资质的机构鉴定。

根据国家知识产权局〔2017〕第74号令修订后《专利审查指南》关于补

---

[1] 参见北京市高级人民法院行政判决书〔2013〕高行终字第1244号。

交实验数据的规定，以及《最高人民法院关于审理专利授权确权行政案件若干问题的规定（一）》（公开征求意见稿）关于补交实验数据的规定——如果该征求意见稿最终得以公布实施，对于解决化学领域中的发明专利申请因补交实验数据而产生的审查问题及其相关的专利授权行政诉讼问题具有积极意义。然而，无论是国家知识产权局［2017］第74号令关于补交实验数据的规定，还是征求意见稿关于补交实验数据的规定，都存在一些有待进一步研究的问题，主要表现为以下几个方面：

其一，国家知识产权局［2017］第74号令和征求意见稿或者强调补交实验数据所证明的技术效果应当是所属技术领域的技术人员能够从专利申请公开的内容中得到的，或者强调补交实验数据所证明的技术效果是本领域技术人员在申请日从专利申请文件公开的内容可以直接、毫无疑义地确认的。其实，如果补交实验数据所证明的技术效果是本领域技术人员在申请日从专利申请文件公开的内容可以直接、毫无疑义地确认的或者能够从专利申请公开的内容中得到的，那就意味着即使不补交实验数据，原说明书实质上已经达到了公开充分的要求，而补交实验数据纯粹只是一个满足公开要求的形式，这就颠倒了通过提供实验数据来满足公开要求的因果关系。

其二，技术方案本身的公开，与技术方案所具有的有益效果的充分证明，两者之间不是同一个概念。专利申请遵循先申请原则，而化学领域的实验方法又很多，且完成不同实验的周期有所不同，为了早日提交申请，申请人有可能在技术方案本身已经定型，例如一种新的组合物的各种组成及其百分含量（按重量）以及制备方法已经确定，并且经过部分实验已经确认其具有特定的技术效果之后，就提交专利申请，并将上述内容写到说明书中，这就意味着技术方案本身已经满足充分公开要求。此后，经过进一步的实验，申请人发现该新的组合物还具有其他有益效果，于是补交实验数据，用以更好地说明该新的组合物所具有的有益效果，这种补交实验数据的方式，并未改变原本已经充分公开的技术方案，应当允许。当然，如果申请人根据其所补交的实验数据所证明的新的特定用途，在原发明专利申请中，就所述新发现的特定用途增加新的权利要求，则是不能允许的，因为这种修改明显违反了《专利法》第33条的规定。另需说明的是，其他技术领域中的不少发明，其技术效果也可能需要经过反复实验才能确定。例如，与航空发动机、汽车发动机、船用燃气轮机的基本技术参数——如使用寿命、巡航速度、百公里油耗等技术参数——有关的产品发明,究竟是否具有说明书所声称的有益效果,只能通过实验验证,并且需要在不同的条件下反复予以实验,单凭有关产品的结构特征——产品的各组成部分及其相互之间的连接关系或者功能上的相互配合关系等,本领域技术人员实际上很难准确判断其有益效果,但一般说来,在这些产品专利申请的审查实践中,国家知识产权局并没有硬性要求申请人提交实验数据,当然也谈不上补交实验数据的问题。这也有助于说明,技术方案本身的公开,与技术方案所具有的有益效果的充分证明,不能画上等号。因此,除非涉及请求法律予以保护的技术方案本身的改变,对申请人在申请日之后补交的实验数据,只要是真实的,亦即不是伪造的,就不宜限制过多。

其三,实践中,一些申请人补交实验数据的一个重要原因是为了证明发明专利申请相对于审查员检索到的对比文件而言,具有更好的、甚至预料不到的技术效果。一般说来,发明专利申请说明书背景技术部分所介绍的技术方案与审查员评价发明专利申请的新颖性、创造性时所检索到的作为对比文件的现有技术是不一样的。在化学领域,申请人通常会针对其发明的技术方案与背景技术中的技术方案做比较试验,并在原始提交的申请文本中提交相应的实验数据。而在答复审查意见时,申请人往往会发现,审查员用以评价其发明的新颖性、创造性的对比文件并不是已经写入说明书背景技术部分之中的技术方案,而是其他技术方案,并且审查意见通知书有可能强调被评价的权利要求所限定的技术方案与某对比文件所公开的技术方案相比,两者的物质成分或/和结构相差不大,且该权利要求所限定的技术方案并未产生预料不到的技术效果,因而不符合《专利法》第22条第3款的规定。在这种情况下,为了说明被评价的权利要求与对比文件相比具有更好的技术效果,申请人往往会补交实验数据用以证明被评价的权利要求具有更好的技术效果甚至是预料不到的技术效果。而这种更好的技术效果,尤其是预料不到的技术效果,自然不是本领域技术人员在申请日从专利申请文件公开的内容可以直接、毫无疑义地确认的。

其四,与我国各版本的《审查指南》和《专利审查指南》相比,在补交实验数据的问题上,2013年版的《欧洲专利审查指南》作了更为宽松的规定。根据《欧洲专利审查指南》(2013)Part GVII.11节之规定,假如补交的实验数据所证明的新效果在原申请中隐含或至少与原申请公开的效果有关,则该新效果可以作为支持创造性的证据。很明显，在实验数据的补交问题上，由于仅要求新效果在原申请中隐含或至少与原申请公开的效果有关，《欧洲专利审查指南》的这一规定比我国各版本的《审查指南》和《专利审查指南》的相关规定，以及《最高人民法院关于审理专利授权确权行政案件若干问题的规定（一）》（公开征求意见稿）的相关规定，更为宽松一些。本书认为，《欧洲专利审查指南》的这一规定，值得我国借鉴。

总之，本书认为，技术方案的充分公开，与技术方案所具有的有益效果的充分证明，是两个完全不同的概念。在化学领域，申请人在申请日之后补交实验数据用以证明其技术方案具有原说明书明确记载的有益效果，即便该有益效果对创造性的评价有作用，但是，只要该有益效果确实是原说明书所明确记载的技术方案所具备的，就应当允许。同样，申请人在申请日之后补交实验数据用以证明其技术方案具有原说明书未明确记载的有益效果（新效果），只要所述有益效果（新效果）的引入并未导致请求保护的技术方案本身发生改变，并且对所述请求保护的技术方案的创造性的评价不依赖于所补交的实验数据所证明的新的有益效果，就应当允许。其实，如果申请人日后的确通过实验发现其发明还具有新用途，其完全可以针对新用途另行申请发明专利。如果其未另行申请发明专利，而是补交证明所述新用途的实验数据，并且未改变请求保护的技术方案，且对所述请求保护的技术方案的创造性的评价不依赖于所补交的实验数据所证明的有益效果，则其行为根本不存在修改超范围或者违反先申请原则的问题。

需要特别强调的是，迄今为止，关于用实验数据证明技术方案所具有的有益效果问题，人们更多地关注化学领域的实验数据所证明的有益效果的采信问题。其实，在其他许多技术领域，技术方案所具有的有益效果也是需要实验数据予以证明的，例如，与航空发动机、汽车发动机、船用燃气轮机的主要技术参数有关的各种有益效果，与直接作用于人体的各种医疗器械、保健器械的治疗、保健功能有关的各种有益效果，通常都需要相应的实验数据予以证明，仅凭产品结构特征、材料特征的充分公开，不足以说明其具备说明书所声称的有益效果，对此，有关部门应当予以高度重视。

3. 依职权引入驳回决定未提及的理由与证据的合法性问题

根据《专利审查指南（2010）》第四部分第二章第 4 节的规定，在复审程序中，专利复审委员会（国家知识产权局）一般仅针对驳回决定所依据的理由和证据进行审查，不承担对专利申请全面审查的义务；除驳回决定所依据的理由和证据外，合议组发现审查文本中存在下列缺陷的，可以对与之相关的理由及其证据进行审查，并且经审查认定后，应当依据该理由及其证据作出维持驳回决定的审查决定：①足以用在驳回决定作出前已告知过申请人的其他理由及其证据予以驳回的缺陷。②驳回决定未指出的明显实质性缺陷或者与驳回决定所指出缺陷性质相同的缺陷。

在合议审查中，合议组可以引入所属技术领域的公知常识，或者补充相应的技术词典、技术手册、教科书等所属技术领域中的公知常识性证据。

此外，《专利审查指南（2010）》还规定了依职权审查原则，根据《专利审查指南（2010）》第四部分第一章第2.4节的规定，专利复审委员会（国家知识产权局）可以对所审查的案件依职权进行审查，而不受当事人请求的范围和提出的理由、证据的限制。

究竟该怎样理解《专利审查指南（2010）》第四部分第一章第2.4节与《专利审查指南（2010）》第四部分第二章第4节之间的关系，这是容易产生歧义的问题。例如，申请号为200410047791.X、名称为"表面改性的沉淀二氧化硅"的发明专利申请因修改超范围被国家知识产权局驳回，申请人申请复审后，原审查部门的前置审查意见坚持驳回决定；此后，申请人再次对权利要求进行了修改，所作修改符合《专利法》第33条以及《专利法实施细则》和2006年版《审查指南》的相关规定；[1]专利复审委员会审查后发出复审通知书，指出全部权利要求不具备创造性；经申请人陈述意见后，专利复审委员会作出第30895号复审决定，维持了国家知识产权局的驳回决定。申请人不服第30895号复审决定，以该复审决定违反法定程序为由，向北京市第一中级人民法院起诉，北京市第一中级人民法院以创造性问题不属于驳回决定未指出的"明显实质性缺陷"为由，认定专利复审委员会程序违法，从而判决撤销第30895号复审决定。[2]

专利复审委员会不服一审判决，向北京市高级人民法院上诉，其主要理由是，不能按照《审查指南》针对初步审查程序所规定的"明显实质性缺

---

[1] 此案适用2006年版《审查指南》的相关规定，不过，就专利复审委员会依职权审查范围的规定而言，2006年版《审查指南》与《专利审查指南（2010）》的规定大体相同。

[2] 参见北京市第一中级人民法院行政判决书［2011］一中知行初字第2876号。

陷"来界定复审程序中的"明显实质性缺陷",第 30895 号复审决定有利于节约当事人时间、避免案件在实审程序和复审程序之间来回振荡。北京市高级人民法院认为专利复审委员会在第 30895 号决定中根据《专利法》第 22 条第 3 款的创造性进行评述,该理由并非专利复审委员会在审查驳回决定时所必然涉及的事由;同时在本案中对于创造性的认定并非属于以本领域技术人员的知识水平无需深入调查证实即可得出的事由,因此专利复审委员会在本案中直接引入创造性问题不应属于"明显实质性缺陷"的范畴。同时,专利复审委员会关于节约当事人时间、避免案件在实审程序和复审程序之间来回振荡的上诉主张,亦不能作为其作出第 30895 号决定具有合法性的依据。因此,一审判决认定第 30895 号决定程序违法,并予以纠正并无不当。专利复审委员会此部分上诉理由缺乏事实及法律依据,本院不予支持,从而作出驳回上诉,维持原判的判决。[1]

上述案件的争议焦点在于怎样理解专利复审委员会在复审程序中依职权审查"明显实质性缺陷"的范围。显然,简单地将发明专利申请初步审查程序中的"明显实质性缺陷"界定为复审程序中的"明显实质性缺陷"是不妥的,但是,将不具备创造性的缺陷纳入复审程序中的"明显实质性缺陷"也显然是不妥的,这是因为创造性的认定问题是专利申请、复审乃至无效程序中最复杂的问题。如果不具备创造性的缺陷也属于"明显实质性缺陷",那么,专利或专利申请也就无所谓"明显实质性缺陷"了,所有的缺陷均可称为"明显实质性缺陷"。因此,法院撤销第 30895 号复审决定是有法律依据的。

就事论事的话,如果专利复审委员会根据修改后的申请文本已经克服了驳回决定所指出修改超范围的缺陷,从而作出撤销驳回决定的复审决定,再由国家知识产权局以不具备创造性为由重新作出驳回决定,再由专利复审委员会维持驳回决定(如果申请人申请再次申请复审),则专利复审委员会不存在程序违反问题。不过,《专利审查指南(2010)》第四部分第二章未对"明显实质性缺陷"的范围作出具体界定,尤其是未就依职权审查原则的适用范围作出清晰的界定,也不利于解决现实存在的问题。对此,不妨举例如下:

某申请人自己撰写的发明专利申请被国家知识产权局以不具备创造性为由驳回,因说明书实施例中还提及一个"部件"(该"部件"可以作为一个

---

[1] 参见北京市高级人民法院行政判决书[2012]高行终字第 1486 号。

技术特征补入权利要求中），且审查员用于评价本发明专利申请的创造性的几份对比文件均未涉及该"部件"，于是决定申请复审，并在复审程序中用"还包括……"的表达方式，将该"部件"补入到权利要求中。在咨询了某专利代理人后，该专利代理人考虑到该"部件"及其产生的有益效果在说明书中只是一个抽象的概念，其自身的结构特征以及该"部件"与原权利要求所限定的技术方案中的其他技术手段（产品部件）之间的连接关系、位置关系或者功能上的相互配合关系都未公开，于是便建议申请人放弃申请复审，同时在清楚说明该"部件"自身结构的基础上，针对该"部件"与原权利要求结合后的技术方案重新提交发明专利申请，最终，该申请获得了发明专利授权。

现在假定，该申请人未采纳该专利代理人的意见，而是先申请复审，原审查部门的前置审查坚持驳回决定后，再以"还包括……"的表达方式，将该"部件"补入到权利要求中，那么，专利复审委员会该作出怎样的复审决定呢？在该"部件"自身的结构，以及该"部件"与原权利要求所限定的技术方案中的其他技术手段之间的连接关系、位置关系或者功能上的相互配合关系均未公开的情况下，仅因几份对比文件均未记载该"部件"，就认定修改后的权利要求克服了原权利要求不具备创造性的缺陷，显然是不妥的。然而，如果专利复审委员会以修改后的申请文本不符合《专利法》第26条第3款的规定为由作出维持驳回决定的复审决定，那么，该决定是否符合法定程序呢？如果不符合《专利法》第26条第3款规定的缺陷属于《专利审查指南（2010）》第四部分第二章第4节所规定的"明显实质性缺陷"，那么，该复审决定无疑是符合法定程序的，如果该缺陷不属于《专利审查指南（2010）》第四部分第二章第4节所规定的"明显实质性缺陷"，那么，该复审决定无疑是不符合法定程序的。然而，恰恰是在这个问题上，《专利审查指南（2010）》缺乏明确的规定。[1]

综上，国家知识产权局今后修订《专利审查指南》时，有必要对专利复审委员会（国家知识产权局）在复审程序中依职权审查的范围作出更加清晰的规定。从提高专利授权质量和效率两方面考虑，本书认为，在复审程序中，应当扩大专利复审委员会（国家知识产权局）依职权审查的范围，具体范围由《专利审查指南》予以规定。

---

[1]《专利审查指南》第一部分第一章第1节针对发明专利申请的初步审查程序所规定的"明显实质性缺陷"不包括《专利法》第26条第3款、第4款所规定的缺陷。

第四章 Chapter 4
知识产权共同侵权、间接侵权及其诉讼问题

一、知识产权共同侵权

共同侵权的概念源于民法。在民法学界，共同侵权有广义与狭义之分，狭义的共同侵权是二人以上共同实施的侵权行为，广义的共同侵权，则是泛指承担连带责任的数人侵权行为。[1]针对狭义的共同侵权行为，民法学界有主观说和客观说两种基本学说，主观说认为共同侵权人之间存在意思联络，而客观说所强调的是行为的结合，亦即行为与损害结果之间的共同因果关系，不要求行为人之间存在意思联络。[2]《侵权责任法》第8条所规定的共同侵权究竟采用主观说，还是采用客观说，仅从该法律条文的字面含义去理解，难以作出准确的判断。不过，从《侵权责任法》第8条至第12条之间的逻辑关系看，将《侵权责任法》第8条所规定的共同侵权理解为有意思联络的共同侵权行为更妥当一些。

当共同侵权行为所侵害的是知识产权时，则可称为知识产权共同侵权行为，或者称为共同侵犯知识产权行为。客观地说，二人以上，主观上有意思联络，客观上（行为方式上）相互配合，共同侵犯他人知识产权的现象是存在的。不过，这种类型的知识产权共同侵权，并非知识产权界关注的重点。知识产权界，更多的是关注所谓的间接侵权。

---

[1] 魏振瀛主编：《民法》（第5版），北京大学出版社、高等教育出版社2013年版，第700页。
[2] 王泽鉴：《侵权行为》，北京大学出版社2009年版，第352~365页。

二、《侵权责任法》第 8 条与第 9 条之间的关系

在讨论知识产权间接侵权之前，有必要先讨论共同侵权与教唆侵权、帮助侵权之间的关系，亦即《侵权责任法》第 8 条与第 9 条之间的关系。《侵权责任法》第 9 条所规定的是教唆侵权、帮助侵权。教唆侵权、帮助侵权实质上都是间接侵权，两者都没有实行行为，只不过民法学界极少使用"间接侵权"这一概念，或者说极少使用"间接侵权"这一上位概念去概括帮助侵权、教唆侵权这两种具体形态的"间接侵权"。教唆侵权、帮助侵权与共同侵权之间的关系是什么？对此，民法学界有不同的看法。有学者认为，教唆行为、帮助行为的主观关联要素并不完全符合共同加害行为的共同过错标准，应将教唆行为、帮助行为视为主观关联共同侵权行为的两种特殊表现形态。[1]也有学者认为，教唆行为、帮助行为亦为共同侵权行为，而非共同侵权行为之外的一个类型。[2]还有学者认为，教唆、帮助他人实施侵权行为的人，要么为共同侵权人——当被教唆者为完全民事行为能力人时，要么为侵权人——当被教唆者为无民事行为能力人或者限制民事行为能力人时。[3]

本书认为，在对《侵权责任法》第 8 条所规定的共同侵权作狭义的解释且采用主观共同说这一前提之下，教唆行为、帮助行为与共同侵权之间的关系不能一概而论，姑且不说被教唆、被帮助的实行行为人有可能是无民事行为能力人或者限制民事行为能力人，在这种情况下，只能将教唆行为人、帮助行为人视为侵权人，而不成立共同侵权。退一步说，即便实行行为人是完全民事行为能力人，也存在教唆行为人、帮助行为人与实行行为人之间是否存在意思联络的问题。一般说来，教唆行为人与实行行为人之间是有意思联络的，或者说实行行为人就是按照教唆行为人的意思去实施加害行为的。但是，帮助行为人与实行行为人之间的关系则有所不同，从实际发生的帮助侵权来看，帮助行为人与实行行为人之间可能有意思联络，也可能没有意思联络，甚至实行行为人根本就没有意识到自己在实施加害行为时得到了他人的帮助。当帮助行为人与实行行为人之间存在意思联络时，两者构成共同侵权，

---

[1] 张铁薇：《共同侵权制度研究》，人民法院出版社 2013 年版，第 174~175 页。
[2] 王竹："论教唆行为与帮助行为的侵权责任"，载《法学论坛》2011 年第 5 期，第 67 页。
[3] 王胜明主编：《中华人民共和国侵权责任法解读》，中国法制出版社 2010 年版，第 45~47 页。

而帮助行为与实行行为之间的关系是共同侵权人之间的分工合作关系。当帮助行为人与实行行为人之间存在意思联络时，两者不构成共同侵权。

综上，教唆行为、帮助行为可能是共同侵权的一种具体表现形态，在这种情况下，《侵权责任法》第 8 条与第 9 条所规范的都是共同侵权，两者之间的关系是一般条款与特殊条款的关系；教唆行为、帮助行为也可能是共同侵权之外的一种独立的侵权形态，在这种情况下，《侵权责任法》第 9 条完全独立于第 8 条。当然，无论教唆行为、帮助行为与实行行为之间是否构成共同侵权，只要实行行为人实施了相应的侵权行为且具有民事行为能力，各行为人就需要承担连带责任。

三、知识产权间接侵权

当具有完全民事行为能力的实行行为人基于教唆行为人的教唆实施了侵犯知识产权的行为，或者在帮助行为人的帮助下实施了侵犯知识产权的行为，则教唆行为人的行为，或者帮助行为人的行为，构成知识产权间接侵权，亦即间接地侵犯了知识产权。另外，为了表述问题的简便，以下所讨论的间接侵权，均以实行行为人具有完全民事行为能力为前提。

在现实发生的侵权行为中，针对任何一类知识产权的侵害，都存在教唆侵权和帮助侵权这两种形态的间接侵权，并且笼统地说，帮助行为非常宽泛，且在侵犯知识产权的实行行为人与帮助行为人之间有意思联络的情况下，帮助行为与实行行为之间的关系实质上是分工合作关系，在这种情况下，完全可以将帮助行为与实行行为视为知识产权共同侵权。

需要强调的是，具体到对于以帮助的形态实施的专利间接侵权而言，人们更关注的不是一般意义上的帮助侵权行为，而是特指帮助行为人（间接侵权人）为实行行为人（直接侵权人）提供"专用品"的行为。对此，本章第 5 节将具体讨论。至于教唆他人侵犯知识产权的问题，学界的争议不大，也不是人们关注的重点，故本书对此不专门予以讨论。

另需说明的是，某些行为确实是帮助侵犯知识产权的行为，但是，如果知识产权特别法已经明确将这种行为规定为一种侵犯知识产权行为，就没有必要再给该侵犯知识产权行为戴上一顶"帮助侵权"或"间接侵权"的"帽子"。例如，《商标法》第 57 条第（六）项将"故意为侵犯他人商标专用权行为提供便利条件，帮助他人实施侵犯商标专用权行为的"明确规定为一种侵犯注册商标专用权的行为，因此，对此类行为，没有必要再冠以"间接侵犯商标专用权"或者"帮助侵犯商标专利权"的"帽子"。

四、共同侵权、间接侵权与诉讼

《侵权责任法》第13条规定："法律规定承担连带责任的，被侵权人有权请求部分或者全部连带责任人承担责任。"

上述规定意味着，被侵权人可以针对直接侵权人、教唆侵权人或帮助侵权人中的全体侵权人提起诉讼，也可以有选择地针对其中一部分侵权人提起诉讼，包括仅针对帮助侵权人提起诉讼。

当然，在被侵权人仅针对部分连带责任人起诉的情况下，也会产生一些问题：首先，承担全部责任的部分连带责任人很可能需要通过诉讼追偿其他共同侵权人的内部责任，这就会导致司法资源的浪费；其次，在仅有部分连带责任人应诉的情况下，各连带责任人的侵权行为与损害结果之间的因果关系不容易查明。

关于共同侵权，正如有的学者所认为的那样，创设共同侵权行为制度的目的主要不是通过连带责任确保被侵权人得到赔偿，而是要消除被侵权人在证明因果关系问题上所面临的困难。[1]因此，无论是共同侵权，还是间接侵权，在被侵权人仅起诉部分连带责任人的情况下，除非因果关系清楚，法院原则上应通知被侵权人追加被告或者依职权追加被告。

五、专利间接侵权及其诉讼[2]

（一）提供"专用品"的侵权行为

本节主要讨论的是帮助行为人以提供"专用品"的形式实施的专利间接侵权及其诉讼问题。笼统地说，为专利侵权人提供仓储、运输等"服务"的行为，也属于帮助侵权行为，但这类行为一方面不涉及"专用品"的提供，另一方面学界对其行为性质的争议也不大，故本书对这类帮助侵犯专利权的行为不予讨论。同理，对教唆他人侵犯专利权的行为，本书也不作专门讨论。

---

[1] 程啸：《侵权责任法》（第2版），法律出版社2015年版，第333页。
[2] 上海海华永泰（长沙）律师事务所罗军律师参与了专利间接侵权与诉讼问题的撰写工作。

针对提供"专用品"的专利间接侵权行为,《专利权纠纷案件解释(二)》第 21 条规定,明知有关产品系专门用于实施专利的材料、设备、零部件、中间物等,未经专利权人许可,为生产经营目的将该产品提供给他人实施了侵犯专利权的行为,权利人主张该提供者的行为属于《侵权责任法》第 9 条规定的帮助他人实施侵权行为的,人民法院应予支持。明知有关产品、方法被授予专利权,未经专利权人许可,为生产经营目的积极诱导他人实施了侵犯专利权的行为,权利人主张该诱导者的行为属于《侵权责任法》第 9 条规定的教唆他人实施侵权行为的,人民法院应予支持。

《专利权纠纷案件解释(二)》第 21 条所规定的"专门用于实施专利的材料、设备、零部件、中间物等"可简称为"专用品",而为他人实施专利请求行为提供"专用品"的行为,就是知识产权界颇为关注的专利间接侵权。以下如无特别说明,本书所讨论的专利间接侵权都是这种类型的帮助侵权。

(二)直接侵权

专利间接侵权是相对于直接侵权而言的。专利直接侵权,是指未经专利权人许可,且没有法定的免责事由,为生产经营目的实施其专利的行为,亦即人们通常所说的专利侵权行为。专利直接侵权包括相同侵权和等同侵权。

相同侵权即文字含义上的侵权,是指被诉侵权技术方案包含了与涉案权利要求——原告据以起诉被诉侵权人侵犯其专利权的权利要求——记载的全部技术特征相同的对应技术特征。[1]例如,涉案权利要求所记载的全部技术特征为 a、b、c、d,且该权利要求为开放式权利要求,而被诉侵权技术方案所包含的技术特征为 a、b、c、d、e,由于被诉侵权技术方案包含了与涉案权利要求所记载的全部技术特征相同的对应技术特征 a、b、c、d,故该技术方案落入涉案专利的保护范围。当然,如果涉案权利要求是一个封闭式权利要求,则被诉侵权技术方案会因为含有技术特征 e 而未必落入涉案专利的保护范围。例如,在涉案权利要求中的 a、b、c、d 四个技术特征分别表示构成专利技术方案的四种物质组分,且该权利要求采用了封闭式权利要求的撰写方式的情况下,如果技术特征 e 所表示的也是一种物质组分,且该组分不属于在制备专利产品的过程中难以清除的杂质,则不能认定被诉侵权行为落入该权利要求的保护范围。一般说来,封闭式权利要求主要存在于化学领域的部

---

[1] 参见北京市高级人民法院《专利侵权判定指南(2017)》第 35 条。

分发明专利中。例如，部分以物质组分的种类及其含量为技术特征的发明，因对物质组分的种类有严格的限定，除了制备专利产品的过程中难以清除的杂质外，多一种或者少一种组分，均会导致发明目的落空，则可以对权利要求采用封闭式写法，亦即将权利要求写成封闭式权利要求。而在更广泛的技术领域，权利要求大多采用开放式写法。[1]以下如无特别说明，本书所述及的权利要求均为开放式权利要求。

等同侵权，是指被诉侵权技术方案有一个或一个以上技术特征与权利要求中的，相应技术特征从字面上看不相同，但是属于等同特征，应当认定被诉侵权技术方案落入专利权保护范围。[2]所谓等同特征，是指与权利要求所记载的技术特征以基本相同的手段，实现基本相同的功能，达到基本相同的效果，并且所属技术领域的普通技术人员无需经过创造性劳动就能够想到的技术特征。[3]例如，涉案权利要求所记载的全部技术特征为 f、g、h、p，被诉侵权技术方案所包含的技术特征为 f、g、h′、j、k。其中，技术特征 f、g、h′分别与涉案权利要求中的技术特征 f、g、h 相对应，且技术特征 h′为技术特征 h 的等同特征，而技术特征 j、k 的组合实质上起到了技术特征 p 的作用，并且这种组合关系是所属技术领域的技术人员无需创造性劳动就能想到的，以致可以把技术特征 j、k 的组合视为技术特征 p 的等同特征，则尽管从字面上看，被诉侵权技术方案中的技术特征 h′、j、k 不同于涉案权利要求中的对应技术特征 h、p，但仍应认定被诉侵权技术方案落入涉案专利的保护范围。

(三) 专利间接侵权判定

1. 直接侵权的判定

根据《专利权纠纷案件解释（二）》）第 21 条的规定，专利间接侵权的成立以直接侵权的发生为前提。关于专利直接侵权，无论是相同侵权，还

---

[1] 从形式上看，开放式权利要求通常采用"包括……"或类似用语来描述请求保护的技术方案，封闭式权利要求通常采用"由……组成"或类似用语来描述请求保护的技术方案。当然，一项权利要求究竟是开放式权利要求，还是封闭式权利要求，还应结合说明书的内容予以确定。

[2] 参见北京市高级人民法院《专利侵权判定指南（2017）》第 42 条。

[3] 参见北京市高级人民法院《专利侵权判定指南（2017）》第 43 条。另参见《最高人民法院关于审理专利纠纷案件适用法律问题的若干规定》（法释〔2013〕9 号）第 17 条第 2 款之规定，以及北京市高级人民法院《专利侵权判定指南（2017）》第 50 条之规定。

是等同侵权，在专利侵权判定的过程中，都应遵循全部技术特征限定原则。[1]换句话说，在专利侵权判定中，如果涉案权利要求中存在一个技术特征，该技术特征与被诉技术方案中的对应技术特征既不相同、也不等同，则不能认定被诉技术方案落入涉案专利保护范围，从而不构成侵权。反之，如果被诉技术方案包含了与涉案权利要求中的全部技术特征相同或等同的对应技术特征，则该技术方案落入涉案专利保护范围，在被诉侵权人不存在先用权等抗辩事由的情况下，其行为构成直接侵权。至于被诉技术方案还包含了其他未记载在涉案权利要求中的技术特征，则除非涉案权利要求属于封闭式权利要求，否则不影响侵权判定。

2. 专利间接侵权的判定

与专利直接侵权的判定不同，专利间接侵权的判定不以间接侵权人所实施的被诉技术方案包含与涉案权利要求的全部技术特征相同或等同的对应技术特征为要件，只要行为人给直接侵权人提供了帮助，且明知直接侵权人未经专利权人许可实施了涉案权利要求所限定的技术方案，其行为就构成侵权，从而强化了专利的保护。为了说明这个问题，不妨假定某涉案专利的独立权利所限定的技术方案如下：

一种 Σ 系统，包括装置 α、β、γ，其特征在于：在装置 α、β、γ 之间设有装置 X，装置 X 包括部件 A、B、C，部件 A、B 分别设置于装置 X 的两端，部件 C 设置于装置 X 的中部，部件 A、B、C 分别与装置 α、β、γ 活动连接。

在上述技术方案中，装置 X 是专门用来实施涉案专利的独立权利所限定的技术方案的零部件，所谓专门用来实施涉案专利的独立权利所限定的技术方案，是指装置 X 除了作为零部件用于涉案专利的独立权利所限定的技术方案外，没有其他实质性商业用途。按照直接侵权的判定原则，仅生产装置 X 的行为人是不会构成侵权的。然而，如果行为人将装置 X 提供给擅自实施涉案专利技术方案的侵权人，且明知侵权人在实施涉案专利，则根据《专利权纠纷案件解释（二）》第 21 条的规定，其行为构成专利间接侵权，专利权人可依据《侵权责任法》第 9 条的规定，追究间接侵权人的民事责任。由此

---

〔1〕魏征："等同原则的误读和误用"，载《中国专利与商标》2006 年第 3 期，第 3~10 页。等同原则可视为全部技术特征限定原则（全面覆盖原则）的特殊情形，亦即"等同"是涉案权利要求中的对应技术特征被被控侵权技术方案全面"覆盖"下的"等同"。

可见，将专利间接侵权这一概念及其规制引入到专利法律体系中，显著地提高了专利的保护水平。

（四）专利间接侵权与共同侵权的关系

在专利间接侵权与共同侵权的关系问题上，亦即在专利间接侵权的行为人与专利直接侵权的行为人是否属于共同侵权人的问题上，知识产权法学界一直有不同的看法。例如，有的学者认为，专利间接侵权的构成要件、归责原则、救济程序及其所发挥的功能均没有跳出民法共同侵权的一般原理，亦即可以将间接侵权纳入共同侵权的范畴；[1]而有的学者则认为不应固守传统民法中的共同侵权理论。[2]而在笔者参加的一次学术研讨会上，甚至有学者主张建立独立的专利间接侵权制度，而所谓独立的专利间接侵权制度，并不仅仅是指专利间接侵权独立于共同侵权之外，而是指即使不存在专利直接侵权或者说未发生专利直接侵权，专利间接侵权也是存在的或者说应当认定某些行为构成专利间接侵权，其理由主要有以下三点：

（1）共同侵权行为要求共同侵权人之间存在意思联络，而间接侵权人与直接侵权人之间不一定存在意思联络，因此，以共同侵权制度解决专利间接侵权问题是典型的"削足适履"。

（2）在民事诉讼中，共同侵权行为是必要的共同诉讼，而作为一种制度安排，专利间接侵权的价值恰恰在于专利权人可以单独起诉间接侵权人，无需起诉直接侵权人。例如，在间接侵权人是实力雄厚的专用设备制造商，而直接侵权者是分散的个体经营者或小微企业的情况下，将单独起诉间接侵权人的权利赋予专利权人，对于专利维权来说显得尤其重要。

（3）即便最高人民法院通过解释《侵权责任法》第9条，将专利间接侵权纳入到侵权责任法所规定帮助侵权的范畴，这种制度安排也是不利于专利权的保护的。这是因为，随着3D打印技术和4D打印技术的推广、应用，为数众多的、单纯满足自身需要的个人，借助3D打印设备或4D打印设备能够轻易地"打印"或"复制"他人的专利产品。由于这些人的行为纯粹是为了满足个人消费的需要，亦即没有生产经营目的，故其行为不构成直接侵权，

---

[1] 熊文聪："被误读的专利间接侵权规则——以美国法的变迁为线索"，载《东方法学》2011年第1期。

[2] 张玉敏、邓宏光："专利间接侵权制度三论"，载《学术论坛》2006年第1期，第141~144页。

而根据《侵权责任法》第 9 条和最高人民法院的相关司法解释，间接侵权以直接侵权的存在为前提，这就意味着 3D 打印设备或 4D 打印设备提供者无需为其帮助那些没有生产经营目的的人未经许可实施专利的行为承担责任，从而不利于专利权的保护。

本书对上述构建独立的专利间接侵权制度的观点不予认同，理由如下：

第一，专利间接侵权是否属于共同侵权，不能一概而论。本章第 2 节关于《侵权责任法》第 8 条与第 9 条之间的关系问题的讨论，实质上已经说明了专利间接侵权与共同侵权之间的关系问题。即便专利间接侵权不属于共同侵权，也绝不意味着在专利直接侵权都不存在的情况下，专利间接侵权也存在或者说也应当存在。

第二，在民事诉讼法的法理中，必要共同诉讼被区分为固有必要共同诉讼和非固有必要共同诉讼，对于固有必要共同诉讼来说，如当事人未全部参加诉讼，则当事人不适格，而非固有必要共同诉讼则无此要求。[1]我国现行的民事诉讼法没有区分固有必要共同诉讼和非固有必要共同诉讼，不过，结合《侵权责任法》第 13 条之规定，可以认为，因共同侵权而提起的诉讼属于非固有必要共同诉讼。另需说明的是，在民事诉讼法学界，有学者主张，必要共同诉讼的"必要"，其主旨在于必须合并诉讼，而不在于对当事人的必须追加。[2]例如，在专利权人分别起诉直接侵权人和间接侵权人的情况下，人民法院应当合并审理。而根据《侵权责任法》第 13 条关于"法律规定承担连带责任的，被侵权人有权请求部分或者全部连带责任人承担责任"的规定，专利权人可以仅以间接侵权人为被告起诉，人民法院并非一定要追加直接侵权人为被告。当然，在帮助行为与损害结果之间的因果关系不甚明了的情况下，例如，对于"专用品"在专利侵权产品的利润构成中究竟起多大的作用只有直接侵权人才清楚的情况下，法院应当通知专利权人追加直接侵权人作被告或者依职权追加直接侵权人为被告。

第三，据正在从事 3D 打印技术和 4D 打印技术研发工作的技术人员介绍，3D 打印技术，尤其是 4D 打印技术会给产品制造行业带来革命性的变化，但

---

[1] 卢正敏：《共同诉讼研究》，法律出版社 2011 年版，第 212~213 页。
[2] 北京万国学校组编：《2016 万国专题讲座⑤民事诉讼法》，中国法制出版社 2015 年版，第 66 页。

是，这种革命性的变化并不意味着普通消费者可以借助 3D 或 4D 打印设备"轻易"地"打印"或"复制"出各种能够满足其自身消费需要的专利产品，这是因为 3D 或 4D 打印所涉及的技术问题或专业问题非常复杂，即便 3D 或 4D 打印设备的操作相对简单，也需要经过相应的专业培训才能掌握。更重要的是，在市场经济条件下，人们对各种产品的需求主要是通过市场交换的方式实现的，因此，即便今后可能会有一些 3D 或 4D 打印技术的"发烧友"热衷于利用 3D 或 4D 打印设备"打印"或"复制"出各种能够满足其自身消费需要的专利产品，这种行为方式也不可能成为整个社会的一种潮流，这是因为自给自足的自然经济模式不符合人类社会的发展方向。总之，3D 打印技术乃至 4D 打印技术的推广应用并不能给间接侵权独立说提供理论支撑。

此外，在专利法中建立独立的、不依附于直接侵权的间接侵权制度，极有可能导致多余指定原则的变相适用，为此，有学者认为我国不应该有独立于直接侵权的专利间接侵权理论的应用空间。[1]正如有的学者所言，如果在提出间接侵权指控之前没有直接侵权行为发生，之后也不会有直接侵权行为发生，所谓"促使、导致直接侵权行为发生"的指控就是一种"莫须有"的指控。[2]

（五）专利间接侵权的诉讼问题

根据《侵权责任法》第 13 条的规定，专利权人可以单独起诉间接侵权人，也可以间接侵权人和直接侵权人为共同被告，向法院起诉。然而，由于间接侵权的成立以存在直接侵权为前提，故间接侵权的判定涉及直接侵权的判定，并且需要考虑直接侵权是否有不构成侵权的抗辩事由。因此，本书认为，在专利权人仅起诉间接侵权人的情况下，为了查明案件事实，特别是准确判定是否存在直接侵权，人民法院可依职权追加直接侵权人为第三人。

需要特别说明的是，虽然部分法院在涉及专利"间接侵权"的判决中采用了或者体现了专利间接侵权独立于直接侵权而存在的专利间接侵权独立说，例如山西省高级人民法院［1993］晋经终字第 152 号民事判决书以及上海市第一中级人民法院［2003］沪一中民五（知）初字第 212 号民事判决书均采

---

〔1〕 魏征："我国不应该有专利间接侵权理论的应用空间"，载《中国专利与商标》2008 年第 1 期，第 37~39 页。

〔2〕 尹新天：《专利权的保护》（第 2 版），知识产权出版社 2005 年版，第 517 页。

用了或者体现了专利间接侵权独立说，但是，这些判决发生在《专利权纠纷案件解释（二）》公布施行之前。在《专利权纠纷案件解释（二）》公布施行之后，专利间接侵权独立说在司法实践中便退出了历史舞台。

（六）专利间接侵权的适用与权利要求撰写质量之间的关系

在对一些涉及专利间接侵权的案例进行分析时，笔者深感，涉案权利要求的撰写明显不当。易言之，如果涉案权利要求的撰写恰当的话，专利权人原本可以主张行为人所提供的专用品直接落入涉案权利要求的保护范围，从而追究其侵权责任，根本不需要请求法院认定被控侵权行为构成所谓的专利间接侵权。为了便于读者抓住问题的法律实质，而不至于在具体的技术问题上纠缠，本书拟对两件发明专利的权利要求以及说明书中的部分相关内容进行字母化处理，亦即将相关内容以字母的形式呈现给读者。

案例 1

本案所涉及的发明专利的独立权利要求所限定的技术方案如下：

一种 Σ 系统，包括装置 α、β、γ，其特征在于：在装置 α、β、γ 之间设有装置 X，装置 X 包括部件 A、B、C，部件 A、B 分别设置于装置 X 的两端，部件 C 设置于装置 X 的中部，部件 A、B、C 分别与装置 α、β、γ 活动连接。

根据说明书的记载，现有的包括装置 α、β、γ 的 Σ 系统是采用装置 Y 来连接装置 α、β、γ 的，该系统在使用的过程中会产生问题 01，且成本较高，而通过采用发明人发明的装置 X 来连接装置 α、β、γ，则可以有效地解决问题 01。另外，根据说明书的记载，装置 X 结构简单、成本低廉，使用现有的 Σ 系统的用户可以较为简便地以装置 X 替代装置 Y，从而改善 Σ 系统的功能，并降低使用成本。

纵观权利要求书和说明书公开的内容，可知本发明对现有技术的主要贡献在于公开了一种用于 Σ 系统的装置 X，其可以替代现有的、用于 Σ 系统的装置 Y，从而改善 Σ 系统的性能，并降低使用成本。此外，本领域技术人员不难判断，装置 X 是为 Σ 系统量身打造的，按照目前的认识，除了用于改善 Σ 系统的功能外，装置 X 没有其他实质性商业用途。因此，可以说装置 X 是一种专门用于实施本发明专利的零部件。然而，由于发明人一再强调要保护完整的 Σ 系统，而专利代理人也为了省事，以致在归纳权利要求时没有直接请求保护装置 X。这就意味着，在被诉侵权人只是制造了装置 X，而没有制造包括装置X在内的Σ系统的情况下，其行为不构成直接侵权。在这种情况下，专利权人只能通过所谓的专利间接侵权去寻求救济。

其实，就本案所涉及的发明而言，专利代理人在撰写权利要求书时，如能在原权利要求的基础上，直接针对装置X撰写一个并列独立权利要求，则根本不存在间接侵权的适用空间。例如，可以将该并列独立权利要求写成下述形式：

一种装置X，包括部件A、B、C，部件A、B分别设置于装置X的两端，部件C设置于装置X的中部。

案例2

本案所涉及的发明专利的两个并列独立权利要求分别限定了下述两个技术方案：

一种材料S，按质量百分比，包括20%~30%的组分I、25%~35%的组分J、30%~40%的组分K，余量为组分Z。

一种制备材料S的方法，其包括步骤N1、N2、N3和N4。

根据说明书的记载，现有的材料S要么不能解决问题Q，要么成本太高，本发明的材料S可以解决问题Q，且成本不高。说明书还指出，现有的制备材料S的方法，难以制备符合要求的材料S，为此，必须采用包括N1、N2、N3和N4四个步骤的方法，方能制备出符合要求的材料S。

另需说明的是，发明人提交的技术交底资料还进一步公开了一种专门用来制备材料S的设备，该设备包括顺序连接的部件A、B、C。该设备是专门针对包括N1、N2、N3和N4四个步骤的方法的实施而研发的，运用该设备，可以便捷地实施本发明中的方法，从而制备出足以解决问题Q且强度更高的材料S。然而，由于发明人所在的单位本身并不制造该设备，而是委托其他厂家生产该设备，以致委托专利代理人代理本发明专利申请时没有强调保护该设备，而专利代理人在撰写权利要求书时，也没有主动将针对该设备的技术方案写到权利要求书中。

纵观权利要求书和说明书公开的内容，以及技术交底资料所提供的内容，可知本发明对现有技术的主要贡献不仅仅在于提供了一种新材料及其制备方法，而且提供了一种专门制备这种新材料的设备。令人遗憾的是，专利代理人在代理本发明专利申请时，没有将专门制备材料S的设备写到权利要求书中。这种意味着，对于制造了这种设备的被诉侵权人来说，其行为不构成直接侵权，以致专利权人只能追究该被诉侵权人的所谓间接侵权责任。其实，专利代理人原本可以在撰写权利要求书时将制备材料 S 的专用设备写入权利要求书中，例如，在前述两个并列独立权利要求的基础上，再增加一个如下所述的并列独立权利要求，从而使该专用设备得到更加充分的保护：

一种制备材料 S 的设备，包括顺序连接的部件 A、B、C。

通过前述两个案例可以看出，专利间接侵权的适用与涉案权利要求的撰写质量之间呈负相关关系。如果权利要求的撰写恰当，原本适用间接侵权的判决可以适用直接侵权。当然，本书并不否认，专利间接侵权的适用——更确切地说是《侵权责任法》第 9 条在专利领域的适用，对于专利权的充分保护来说，仍具有一定的作用。这是因为提高权利要求撰写质量并不能解决所有的问题。例如，发明人发现一种已知物质的未知用途，而此前人们并未认识到该物质还存在其他实质性商业用途。为此，发明人或其所属单位既可以针对该物质的用途申请方法发明专利，也可以针对以该物质为原材料的产品申请产品发明专利，但不能直接针对该已知物质本身申请产品发明专利。这就意味着，对于给他人提供该已知物质用于制造侵权产品的行为人来说，其行为不构成直接侵权，专利权人必须借助《侵权责任法》第 9 条的规定才能追究其侵权责任。

（七）专利权保护范围与专用品之间的关系

《专利权纠纷案件解释（二）》第 21 条第 1 款中的"未经专利权人许可"这一表述，很容易使人想当然地认为，专用品属于专利权的控制范围，亦即专利权的保护范围延及专用品。本书认为，这种理解是不准确的，理由如下：

第一，根据《专利法》第 59 条之规定，发明或者实用新型专利权的保护范围以其权利要求的内容为准，说明书及附图可以用于解释权利要求的内容。外观设计专利权的保护范围以表示在图片或者照片中的该产品的外观设计为准，简要说明可以用于解释图片或者照片所表示的该产品的外观设计。《专利法》第 59 条中的"解释"，其作用是清楚界定发明或者实用新型专利的权利要求及其保护范围，或者由外观设计专利图片或者照片所确定的保护范围，绝不意味着可以将未记载在权利要求中的技术方案，或者未表示在图片或者照片中的产品外观设计,"解释"到相应的专利权的保护范围之内。至于专利方法延及依照该专利方法直接获得的产品,则是因为有《专利法》第 11 条第 1 款的明确规定。

第二,综合分析《侵权责任法》第 9 条和《专利权纠纷案件解释(二)》第 21 条第 1 款的规定可知,提供专用品的行为之所以构成帮助侵权,是因为该行为与他人的行为结合起来构成了落入涉案权利要求保护范围的侵权行为——直接侵权。此外,所述司法解释还将行为人构成帮助侵权的主观方面要件限定为"明知"。由此可见,除非提供专用品的行为构成了侵犯专利权的充分必要条件,专利权人对专用品并不当然地享有控制权。

第三,由于特定的发明人及其所属单位所擅长的技术领域总是有限的,故专用品有可能是他人的专利产品。例如,某科研机构研发了一种性能优异的新材料,并获得了发明专利。然而,该科研机构仅能在实验室的条件下制备少量的新材料样品用于检测,而没有能力为生产经营目的制造这种新材料,并且相关的生产厂家也不能利用现有的生产设备批量生产这种新材料。换句话说,要实现所述新材料的批量生产,就必须根据其特殊要求研发专用设备。然而,该科研机构本身并不具备研发所述专用设备的能力,而只能委托他人研发。由于当事人之间的委托开发合同没有明确约定专利申请权的归属,受托人依据《专利法》第 8 条和《合同法》第 339 条之规定,针对该专用设备申请并获得了专利权。由于该专用设备是受托人的专利产品,并且该专用设备专利并非所述新材料专利的从属专利,故所述新材料专利的保护范围根本不可能延及该专用设备。当然,该专用设备的专利权人在行使其专利权时,其权利会受到限制:不得向制造所述新材料的侵权人提供该专用设备。其实,所述新材料的专利权人在行使其专利权时,其权利也同样会受到限制:不得为生产经营目的,使用第三人制造的、侵犯该专用设备专利权的侵权设备制造所述新材料。

综上,专用品本身不属于专利权的保护范围,但是,提供专用品的行为与他人的行为结合起来有可能侵犯专利权或者对他人侵犯专利权的行为提供帮助,故有必要按照《侵权责任法》第 9 条的规定,对提供专用品的行为追究其侵权责任。

第五章 Chapter 5
知识产权诉讼证据

一、民事诉讼法及相关司法解释关于民事诉讼证据的一般规定

（一）证据的种类以及对各种证据的原则要求

1. 证据的种类

根据《民事诉讼法》第63条的规定，证据包括：当事人的陈述、书证、物证、视听资料、电子数据、证人证言、鉴定意见、勘验笔录。证据必须查证属实，才能作为认定事实的根据。

当事人的陈述，是指当事人针对与案件有关的事实向法院所作的陈述。

书证，是指用文字、符号、图案等信息载体所记载的内容来证明案件事实的证据。例如，合同书、借据、发票、房产证、产品设计图等。

物证，是指以实体物的属性、特征或存在状况来证明案件事实的证据。例如，被毁坏的汽车、侵犯专利权的产品、载有侵权商标标识的酒瓶等。

视听资料，是指以录音、录像的方式所记载的内容来证明案件事实的证据。

电子数据，是指以计算机或类似信息处理装置储存的、经过数字化处理的、用以证明案件事实的证据，例如电子邮件、手机短信等。

证人证言，是指证人——知晓案件事实并愿意作证的人——以口头或书面的形式向法院所作的陈述。

鉴定意见，是指具有专门知识和技能的专业人员（鉴定人），运用自己的专门知识和技能，对涉及案件的专业性问题所作的结论性意见。例如，技术专家对被控侵权产品所具有的某一个技术特征是否与涉案权利要求中的对应

技术特征等同所作的结论性意见。

勘验笔录,是指法院为了查明案件事实,对与案件有关的现场或物品进行勘查、检验后制作的笔录。

另需说明的是,鉴定人与专家辅助人是不同的,专家辅助人是帮助当事人向审判人员说明案件事实中的专门性问题,并协助当事人对案件中的专门性问题进行质证的人。专家辅助人在法庭上就专业问题所发表的意见属于当事人的陈述,不属于鉴定意见。

2. 公证证据的效力

根据《民事诉讼法》第69条的规定,经过法定程序公证证明的法律事实和文书,人民法院应当作为认定事实的根据,但有相反证据足以推翻公证证明的除外。

3. 提交书证、物证应满足的基本要求

根据《民事诉讼法》第70条的规定,书证应当提交原件。物证应当提交原物。提交原件或者原物确有困难的,可以提交复制品、照片、副本、节录本。提交外文书证,必须附有中文译本。

4. 对视听资料的特别规定

根据《民事诉讼法》第71条的规定,人民法院对视听资料,应当辨别真伪,并结合本案的其他证据,审查确定能否作为认定事实的根据。

(二) 当事人举证

1. 当事人的举证证明责任

根据《民事诉讼法》第64条的规定,当事人对自己提出的主张,有责任提供证据。当事人及其诉讼代理人因客观原因不能自行收集证据,或者人民法院认为审理案件需要的证据,人民法院应当调查收集。人民法院应当按照法定程序,全面地、客观地审查核实证据。

根据《民事诉讼法》第65条的规定,当事人对自己提出的主张应当及时提供证据。人民法院根据当事人的主张和案件审理情况,确定当事人应当提供的证据及其期限。当事人在该期限内提供证据确有困难的,可以向人民法院申请延长期限,人民法院根据当事人的申请适当延长。当事人逾期提供证据的,人民法院应当责令其说明理由;拒不说明理由或者理由不成立的,人民法院根据不同情形可以不予采纳该证据,或者采纳该证据但予以训诫、罚款。

根据《民事诉讼法解释》第90条的规定，当事人对自己提出的诉讼请求所依据的事实或者反驳对方诉讼请求所依据的事实，应当提供证据加以证明，但法律另有规定的除外。在作出判决前，当事人未能提供证据或者证据不足以证明其事实主张的，由负有举证证明责任的当事人承担不利的后果。

根据第91条的规定，人民法院应当依照下列原则确定举证证明责任的承担，但法律另有规定的除外：①主张法律关系存在的当事人，应当对产生该法律关系的基本事实承担举证证明责任；②主张法律关系变更、消灭或者权利受到妨害的当事人，应当对该法律关系变更、消灭或者权利受到妨害的基本事实承担举证证明责任。

2. 特殊侵权诉讼的举证责任

2008年《最高人民法院关于民事诉讼证据的若干规定》（以下简称为《民诉证据规定》）第4条规定了八类特殊侵权诉讼的举证责任，其中，直接涉及知识产权（专利）的是该法第4条第（一）项之规定：因新产品制造方法发明专利引起的专利侵权诉讼，由制造同样产品的单位或者个人对其产品制造方法不同于专利方法承担举证责任。

3. 当事人对事实的承认

《民诉证据规定》第8条的规定，诉讼过程中，一方当事人对另一方当事人陈述的案件事实明确表示承认的，另一方当事人无需举证。但涉及身份关系的案件除外。对一方当事人陈述的事实，另一方当事人既未表示承认也未否认，经审判人员充分说明并询问后，其仍不明确表示肯定或者否定的，视为对该项事实的承认。当事人委托代理人参加诉讼的，代理人的承认视为当事人的承认。但未经特别授权的代理人对事实的承认直接导致承认对方诉讼请求的除外；当事人在场但对其代理人的承认不作否认表示的，视为当事人的承认。当事人在法庭辩论终结前撤回承认并经对方当事人同意，或者有充分证据证明其承认行为是在受胁迫或者重大误解情况下作出且与事实不符的，不能免除对方当事人的举证责任。

4. 无需举证的事实

根据《民事诉讼法解释》第93条的规定，下列事实，当事人无须举证证明：①自然规律以及定理、定律；②众所周知的事实；③根据法律规定推定的事实；④根据已知的事实和日常生活经验法则推定出的另一事实；⑤已为人民法院发生法律效力的裁判所确认的事实；⑥已为仲裁机构生效裁决所确认的事实;⑦已为有效公证文书所证明的事实。

前款第②项至第④项规定的事实,当事人有相反证据足以反驳的除外;第⑤项至第⑦项规定的事实,当事人有相反证据足以推翻的除外。

5. 境外证据的规定

根据《民诉证据规定》第11条的规定,当事人向人民法院提供的证据系在中华人民共和国领域外形成的,该证据应当经所在国公证机关予以证明,并经中华人民共和国驻该国使领馆予以认证,或者履行中华人民共和国与该所在国订立的有关条约中规定的证明手续。当事人向人民法院提供的证据是在我国香港、澳门、台湾地区形成的,应当履行相关的证明手续。

6. 当事人提交证据的形式要求

根据《民事诉讼法》第70条的规定,书证应当提交原件。物证应当提交原物。提交原件或者原物确有困难的,可以提交复制品、照片、副本、节录本。提交外文书证,必须附有中文译本。

根据《民事诉讼法解释》第111条的规定,《民事诉讼法》第70条规定的提交书证原件确有困难,包括下列情形:①书证原件遗失、灭失或者毁损的;②原件在对方当事人控制之下,经合法通知提交而拒不提交的;③原件在他人控制之下,而其有权不提交的;④原件因篇幅或者体积过大而不便提交的;⑤承担举证证明责任的当事人通过申请人民法院调查收集或者其他方式无法获得书证原件的。

前款规定情形,人民法院应当结合其他证据和案件具体情况,审查判断书证复制品等能否作为认定案件事实的根据。

另据《民诉证据规定》第14条的规定,当事人应当对其提交的证据材料逐一分类编号,对证据材料的来源、证明对象和内容作简要说明,签名盖章,注明提交日期,并依照对方当事人人数提出副本。人民法院收到当事人提交的证据材料,应当出具收据,注明证据的名称、份数和页数以及收到的时间,由经办人员签名或者盖章。

(三)人民法院调查收集证据

1. 人民法院自行收集证据

根据《民事诉讼法解释》第96条的规定,《民事诉讼法》第64条第2款规定的人民法院认为审理案件需要的证据包括:①涉及可能损害国家利益、社会公共利益的;②涉及身份关系的;③涉及《民事诉讼法》第55条规定诉讼的；④当事人有恶意串通损害他人合法权益可能的；⑤涉及依职权追加当事人、中止诉讼、终结诉讼、回避等程序性事项的。

除前款规定外，人民法院调查收集证据，应当依照当事人的申请进行。

2. 当事人申请人民法院收集证据

根据《民事诉讼法解释》第 94 条的规定，《民事诉讼法》第 64 条第 2 款规定的当事人及其诉讼代理人因客观原因不能自行收集的证据包括：①证据由国家有关部门保存，当事人及其诉讼代理人无权查阅调取的；②涉及国家秘密、商业秘密或者个人隐私的；③当事人及其诉讼代理人因客观原因不能自行收集的其他证据。

当事人及其诉讼代理人因客观原因不能自行收集的证据，可以在举证期限届满前书面申请人民法院调查收集。

另据《民事诉讼法解释》第 95 条的规定，当事人申请调查收集的证据，与待证事实无关联、对证明待证事实无意义或者其他无调查收集必要的，人民法院不予准许。

（四）举证期限与证据交换

1. 举证期限及其效力

根据《民事诉讼法解释》第 99 条的规定，人民法院应当在审理前的准备阶段确定当事人的举证期限。举证期限可以由当事人协商，并经人民法院准许。人民法院确定举证期限，第一审普通程序案件不得少于 15 日，当事人提供新的证据的第二审案件不得少于 10 日。举证期限届满后，当事人对已经提供的证据，申请提供反驳证据或者对证据来源、形式等方面的瑕疵进行补正的，人民法院可以酌情再次确定举证期限，该期限不受前款规定的限制。

2. 举证期限的延长

根据《民事诉讼法解释》第 100 条的规定，当事人申请延长举证期限的，应当在举证期限届满前向人民法院提出书面申请。申请理由成立的，人民法院应当准许，适当延长举证期限，并通知其他当事人。延长的举证期限适用于其他当事人。申请理由不成立的，人民法院不予准许，并通知申请人。

根据《民事诉讼法解释》第 101 条的规定，当事人逾期提供证据的，人民法院应当责令其说明理由，必要时可以要求其提供相应的证据。当事人因客观原因逾期提供证据，或者对方当事人对逾期提供证据未提出异议的，视为未逾期。

根据《民事诉讼法解释》第 102 条的规定，当事人因故意或者重大过失逾期提供的证据，人民法院不予采纳。但该证据与案件基本事实有关的，人民法院应当采纳，并依照《民事诉讼法》第 65 条、第 115 条第 1 款的规定予以训诫、罚款。当事人非因故意或者重大过失逾期提供的证据，人民法院应当采纳，并对当事人予以训诫。当事人一方要求另一方赔偿因逾期提供证据致使其增加的交通、住宿、就餐、误工、证人出庭作证等必要费用的，人民法院可予支持。

3. 证据交换的期限

根据《民诉证据规定》第 37 条的规定，经当事人申请，人民法院可以组织当事人在开庭审理前交换证据。人民法院对于证据较多或者复杂疑难的案件，应当组织当事人在答辩期届满后、开庭审理前交换证据。

根据《民诉证据规定》第 38 条的规定，交换证据的时间可以由当事人协商一致并经人民法院认可，也可以由人民法院指定。人民法院组织当事人交换证据的，交换证据之日举证期限届满。当事人申请延期举证经人民法院准许的，证据交换日相应顺延。

另据《民诉证据规定》第 40 条的规定，当事人收到对方交换的证据后提出反驳并提出新证据的，人民法院应当通知当事人在指定的时间进行交换。证据交换一般不超过两次。但重大、疑难和案情特别复杂的案件，人民法院认为确有必要再次进行证据交换的除外。

4. 当事人可以在当庭提出的新证据及其要求

根据《民事诉讼法》第 139 条的规定，当事人在法庭上可以提出新的证据。当事人经法庭许可，可以向证人、鉴定人、勘验人发问。当事人要求重新进行调查、鉴定或者勘验的，是否准许，由人民法院决定。

根据《民诉证据规定》第 41 条的规定，新证据是指以下情形：①一审程序中的新的证据包括：当事人在一审举证期限届满后新发现的证据；当事人确因客观原因无法在举证期限内提供，经人民法院准许，在延长的期限内仍无法提供的证据；②二审程序中的新的证据包括：一审庭审结束后新发现的证据；当事人在一审举证期限届满前申请人民法院调查取证未获准许，二审法院经审查认为应当准许并依当事人申请调取的证据。

根据《民诉证据规定》第 42 条的规定，当事人在一审程序中提供新的证据的，应当在一审开庭前或者开庭审理时提出。当事人在二审程序中提供新的证据的，应当在二审开庭前或者开庭审理时提出；二审不需要开庭审理的，应当在人民法院指定的期限内提出。

另外根据《民诉证据规定》第43条的规定，当事人举证期限届满后提供的证据不是新的证据的，人民法院不予采纳。当事人经人民法院准许延期举证，但因客观原因未能在准许的期限内提供，且不审理该证据可能导致裁判明显不公的，其提供的证据可视为新的证据。

（五）证据的质证与质证的效力

根据《民事诉讼法》第68条的规定，证据应当在法庭上出示，并由当事人互相质证。对涉及国家秘密、商业秘密和个人隐私的证据应当保密，需要在法庭出示的，不得在公开开庭时出示。

根据《民事诉讼法解释》第103条的规定，证据应当在法庭上出示，由当事人互相质证。未经当事人质证的证据，不得作为认定案件事实的根据。当事人在审理前的准备阶段认可的证据，经审判人员在庭审中说明后，视为质证过的证据。涉及国家秘密、商业秘密、个人隐私或者法律规定应当保密的证据，不得公开质证。

根据《民事诉讼法解释》第104条的规定，人民法院应当组织当事人围绕证据的真实性、合法性以及与待证事实的关联性进行质证，并针对证据有无证明力和证明力大小进行说明和辩论。能够反映案件真实情况、与待证事实相关联、来源和形式符合法律规定的证据，应当作为认定案件事实的根据。

（六）鉴定

1. 专门性问题的鉴定与鉴定人

根据《民事诉讼法》第76条的规定，当事人可以就查明事实的专门性问题向人民法院申请鉴定。当事人申请鉴定的，由双方当事人协商确定具备资格的鉴定人；协商不成的，由人民法院指定。

当事人未申请鉴定，人民法院对专门性问题认为需要鉴定的，应当委托具备资格的鉴定人进行鉴定。

根据《民事诉讼法》第77条的规定，鉴定人有权了解进行鉴定所需要的案件材料，必要时可以询问当事人、证人。鉴定人应当提出书面鉴定意见，在鉴定书上签名或者盖章。

另据《民事诉讼法》第78条的规定，当事人对鉴定意见有异议或者人民法院认为鉴定人有必要出庭的，鉴定人应当出庭作证。经人民法院通知，鉴定人拒不出庭作证的,鉴定意见不得作为认定事实的根据;支付鉴定费用的当事人可以要求返还鉴定费用。

2. 有专门知识的人出庭

根据《民事诉讼法》第79条的规定,当事人可以申请人民法院通知有专门知识的人出庭,就鉴定人作出的鉴定意见或者专业问题提出意见。

根据《民事诉讼法解释》第122条的规定,当事人可以依照《民事诉讼法》第79条的规定,在举证期限届满前申请1至2名具有专门知识的人出庭,代表当事人对鉴定意见进行质证,或者对案件事实所涉及的专业问题提出意见。具有专门知识的人在法庭上就专业问题提出的意见,视为当事人的陈述。人民法院准许当事人申请的,相关费用由提出申请的当事人负担。

另据《民事诉讼法解释》第123条的规定,人民法院可以对出庭的具有专门知识的人进行询问。经法庭准许,当事人可以对出庭的具有专门知识的人进行询问,当事人各自申请的具有专门知识的人可以就案件中的有关问题进行对质。

具有专门知识的人不得参与专业问题之外的法庭审理活动。

(七) 证据保全

1. 可以申请证据保全的情形以及当事人申请证据保全的条件

根据《民事诉讼法》第81条的规定,在证据可能灭失或者以后难以取得的情况下,当事人可以在诉讼过程中向人民法院申请保全证据,人民法院也可以主动采取保全措施。因情况紧急,在证据可能灭失或者以后难以取得的情况下,利害关系人可以在提起诉讼或者申请仲裁前向证据所在地、被申请人住所地或者对案件有管辖权的人民法院申请保全证据。证据保全的其他程序,参照适用本法第九章保全的有关规定。

另据《民事诉讼法解释》第98条的规定,当事人根据《民事诉讼法》第81条第1款规定申请证据保全的,可以在举证期限届满前书面提出。

证据保全可能对他人造成损失的,人民法院应当责令申请人提供相应的担保。

2. 人民法院采取申请证据保全的方法

根据《民诉证据规定》第24条的规定,人民法院进行证据保全,可以根据具体情况,采取查封、扣押、拍照、录音、录像、复制、鉴定、勘验、制作笔录等方法。人民法院进行证据保全,可以要求当事人或者诉讼代理人到场。

（八）证明力的认定

民事诉讼中，针对同一案件事实的证明，原、被告双方往往会提出内容相反的证据，这就产生了证据的证明力问题。根据《民诉证据规定》第 72 条的规定，一方当事人提出的证据，另一方当事人认可或者提出的相反证据不足以反驳的，人民法院可以确认其证明力。一方当事人提出的证据，另一方当事人有异议并提出反驳证据，对方当事人对反驳证据认可的，可以确认反驳证据的证明力。

根据《民诉证据规定》第 73 条的规定，双方当事人对同一事实分别举出相反的证据，但都没有足够的依据否定对方证据的，人民法院应当结合案件情况，判断一方提供证据的证明力是否明显大于另一方提供证据的证明力，并对证明力较大的证据予以确认。因证据的证明力无法判断导致争议事实难以认定的，人民法院应当依据举证责任分配的规则作出裁判。

根据《民诉证据规定》第 75 条的规定，有证据证明一方当事人持有证据无正当理由拒不提供，如果对方当事人主张该证据的内容不利于证据持有人，可以推定该主张成立。

另据《民诉证据规定》第 77 条的规定，人民法院就数个证据对同一事实的证明力，可以依照下列原则认定：①国家机关、社会团体依职权制作的公文书证的证明力一般大于其他书证；②物证、档案、鉴定结论、勘验笔录或者经过公证、登记的书证，其证明力一般大于其他书证、视听资料和证人证言；③原始证据的证明力一般大于传来证据；④直接证据的证明力一般大于间接证据；⑤证人提供的对与其有亲属或者其他密切关系的当事人有利的证言，其证明力一般小于其他证人证言。

二、行政诉讼法及相关司法解释对行政诉讼证据的一般规定

（一）证据的种类

根据《行政诉讼法》第 33 条的规定，行政诉讼的证据包括书证；物证；视听资料；电子数据；证人证言；当事人的陈述；鉴定意见；勘验笔录、现场笔录。证据经法庭审查属实，才能作为认定案件事实的根据。

与民事诉讼的证据相比，行政诉讼的证据只是多了现场笔录——行政执法人员在执法现场通过询问行政相对人或其他知情人而记录的与行政执法活

动有关的各种事项。

（二）举证责任

1. 被告的举证责任

根据《行政诉讼法》第34条的规定，被告对作出的行政行为负有举证责任，应当提供作出该行政行为的证据和所依据的规范性文件。被告不提供或者无正当理由逾期提供证据，视为没有相应证据。但是，被诉行政行为涉及第三人合法权益，第三人提供证据的除外。

2. 原告的举证责任

根据《行政诉讼法》第37条的规定，原告可以提供证明行政行为违法的证据。原告提供的证据不成立的，不免除被告的举证责任。

根据《行政诉讼法》第38条的规定，在起诉被告不履行法定职责的案件中，原告应当提供其向被告提出申请的证据。但有下列情形之一的除外：①被告应当依职权主动履行法定职责的；②原告因正当理由不能提供证据的。

在行政赔偿、补偿的案件中，原告应当对行政行为造成的损害提供证据。因被告的原因导致原告无法举证的，由被告承担举证责任。

另据《最高人民法院关于行政诉讼证据若干问题的规定》（以下简称为《行政诉讼证据规定》）第69条的规定，原告确有证据证明被告持有的证据对原告有利，被告无正当事由拒不提供的，可以推定原告的主张成立。

3. 不能采用的证据或证据材料

根据《行政诉讼证据规定》第57条的规定，下列证据材料不能作为定案依据：①严重违反法定程序收集的证据材料；②以偷拍、偷录、窃听等手段获取侵害他人合法权益的证据材料；③以利诱、欺诈、胁迫、暴力等不正当手段获取的证据材料；④当事人无正当事由超出举证期限提供的证据材料；⑤在中华人民共和国领域以外或者在中华人民共和国香港特别行政区、澳门特别行政区和台湾地区形成的未办理法定证明手续的证据材料；⑥当事人无正当理由拒不提供原件、原物，又无其他证据印证，且对方当事人不予认可的证据的复印件或者复制品；⑦被当事人或者他人进行技术处理而无法辨明真伪的证据材料；⑧不能正确表达意志的证人提供的证言；⑨不具备合法性和真实性的其他证据材料。

根据《行政诉讼证据规定》第58条的规定，以违反法律禁止性规定或侵犯他人合法权益的方法取得的证据，不能作为认定案件事实的依据。

根据《行政诉讼证据规定》第 59 条的规定，被告在行政程序中依照法定程序要求原告提供证据，原告依法应当提供而拒不提供，在诉讼程序中提供的证据，人民法院一般不予采纳。

根据《行政诉讼证据规定》第 60 条的规定，下列证据不能作为认定被诉具体行政行为合法的依据：①被告及其诉讼代理人在作出具体行政行为后或者在诉讼程序中自行收集的证据；②被告在行政程序中非法剥夺公民、法人或者其他组织依法享有的陈述、申辩或者听证权利所采用的证据；③原告或者第三人在诉讼程序中提供的、被告在行政程序中未作为具体行政行为依据的证据。

4. 不能单独作为定案依据的证据

根据《行政诉讼证据规定》第 71 条的规定，下列证据不能单独作为定案依据：①未成年人所作的与其年龄和智力状况不相适应的证言；②与一方当事人有亲属关系或者其他密切关系的证人所作的对该当事人有利的证言，或者与一方当事人有不利关系的证人所作的对该当事人不利的证言；③应当出庭作证而无正当理由不出庭作证的证人证言；④难以识别是否经过修改的视听资料；⑤无法与原件、原物核对的复制件或者复制品；⑥经一方当事人或者他人改动，对方当事人不予认可的证据材料；⑦其他不能单独作为定案依据的证据材料。

（三）提供证据的要求

1. 对各种类型的证据的要求

根据《行政诉讼证据规定》第 10 条的规定，根据《行政诉讼法》第 31 条第 1 款第（一）项的规定，当事人向人民法院提供书证的，应当符合下列要求：①提供书证的原件，原本、正本和副本均属于书证的原件。提供原件确有困难的，可以提供与原件核对无误的复印件、照片、节录本；②提供由有关部门保管的书证原件的复制件、影印件或者抄录件的，应当注明出处，经该部门核对无异后加盖其印章；③提供报表、图纸、会计帐册、专业技术资料、科技文献等书证的，应当附有说明材料；④被告提供的被诉具体行政行为所依据的询问、陈述、谈话类笔录，应当有行政执法人员、被询问人、陈述人、谈话人签名或者盖章。

法律、法规、司法解释和规章对书证的制作形式另有规定的，从其规定。

根据《行政诉讼证据规定》第 11 条的规定，根据《行政诉讼法》第 31

条第1款第（二）项的规定，当事人向人民法院提供物证的，应当符合下列要求：①提供原物。提供原物确有困难的，可以提供与原物核对无误的复制件或者证明该物证的照片、录像等其他证据；②原物为数量较多的种类物的，提供其中的一部分。

根据《行政诉讼证据规定》第12条的规定，根据《行政诉讼法》第31条第1款第（三）项的规定，当事人向人民法院提供计算机数据或者录音、录像等视听资料的，应当符合下列要求：①提供有关资料的原始载体。提供原始载体确有困难的，可以提供复制件；②注明制作方法、制作时间、制作人和证明对象等；③声音资料应当附有该声音内容的文字记录。

根据《行政诉讼证据规定》第13条的规定，根据《行政诉讼法》第31条第1款第（四）项的规定，当事人向人民法院提供证人证言的，应当符合下列要求：①写明证人的姓名、年龄、性别、职业、住址等基本情况；②有证人的签名，不能签名的，应当以盖章等方式证明；③注明出具日期；④附有居民身份证复印件等证明证人身份的文件。

根据《行政诉讼证据规定》第14条的规定，根据《行政诉讼法》第31条第1款第（六）项的规定，被告向人民法院提供的在行政程序中采用的鉴定结论，应当载明委托人和委托鉴定的事项、向鉴定部门提交的相关材料、鉴定的依据和使用的科学技术手段、鉴定部门和鉴定人鉴定资格的说明，并应有鉴定人的签名和鉴定部门的盖章。通过分析获得的鉴定结论，应当说明分析过程。

根据《行政诉讼证据规定》第15条的规定，根据《行政诉讼法》第31条第1款第（七）项的规定，被告向人民法院提供的现场笔录，应当载明时间、地点和事件等内容，并由执法人员和当事人签名。当事人拒绝签名或者不能签名的，应当注明原因。有其他人在现场的，可由其他人签名。法律、法规和规章对现场笔录的制作形式另有规定的，从其规定。

2. 对境外证据的要求

根据《行政诉讼证据规定》第16条的规定，当事人向人民法院提供的在中华人民共和国领域外形成的证据，应当说明来源，经所在国公证机关证明，并经中华人民共和国驻该国使领馆认证，或者履行中华人民共和国与证据所在国订立的有关条约中规定的证明手续。当事人提供的在中华人民共和国香港特别行政区、澳门特别行政区和台湾地区内形成的证据，应当具有按照有关规定办理的证明手续。

根据《行政诉讼证据规定》第 17 条的规定，当事人向人民法院提供外文书证或者外国语视听资料的，应当附有由具有翻译资质的机构翻译的或者其他翻译准确的中文译本，由翻译机构盖章或者翻译人员签名。

根据《行政诉讼证据规定》第 18 条的规定，证据涉及国家秘密、商业秘密或者个人隐私的，提供人应当作出明确标注，并向法庭说明，法庭予以审查确认。

（四）法院调查取证

1. 当事人申请人民法院调查取证

根据《行政诉讼法》第 41 条的规定，与本案有关的下列证据，原告或者第三人不能自行收集的，可以申请人民法院调取：①由国家机关保存而须由人民法院调取的证据；②涉及国家秘密、商业秘密和个人隐私的证据；③确因客观原因不能自行收集的其他证据。

根据《行政诉讼证据规定》第 24 条的规定，当事人申请人民法院调取证据的，应当在举证期限内提交调取证据申请书。

调取证据申请书应当写明下列内容：①证据持有人的姓名或者名称、住址等基本情况；②拟调取证据的内容；③申请调取证据的原因及其要证明的案件事实。

根据《行政诉讼证据规定》第 25 条的规定，人民法院对当事人调取证据的申请，经审查符合调取证据条件的，应当及时决定调取；不符合调取证据条件的，应当向当事人或者其诉讼代理人送达通知书，说明不准许调取的理由。当事人及其诉讼代理人可以在收到通知书之日起 3 日内向受理申请的人民法院书面申请复议一次。人民法院应当在收到复议申请之日起 5 日内作出答复。人民法院根据当事人申请，经调取未能取得相应证据的，应当告知申请人并说明原因。

另据《行政诉讼证据规定》第 26 条的规定，人民法院需要调取的证据在异地的，可以书面委托证据所在地人民法院调取。受托人民法院应当在收到委托书后，按照委托要求及时完成调取证据工作，送交委托人民法院。受托人民法院不能完成委托内容的，应当告知委托的人民法院并说明原因。

2. 人民法院依职权调查取证

根据《行政诉讼法》第 39 条的规定，人民法院有权要求当事人提供或者补充证据。

根据《行政诉讼法》第 40 条的规定，人民法院有权向有关行政机关以及其他组织、公民调取证据。但是，不得为证明行政行为的合法性调取被告作出行政行为时未收集的证据。

根据《行政诉讼证据规定》第 22 条的规定，根据《行政诉讼法》第 34 条第 2 款的规定，有下列情形之一的，人民法院有权向有关行政机关以及其他组织、公民调取证据：①涉及国家利益、公共利益或者他人合法权益的事实认定的；②涉及依职权追加当事人、中止诉讼、终结诉讼、回避等程序性事项的。

（五）证据保全

1. 申请证据保全的条件

根据《行政诉讼法》第 42 条的规定，在证据可能灭失或者以后难以取得的情况下，诉讼参加人可以向人民法院申请保全证据，人民法院也可以主动采取保全措施。

根据《行政诉讼证据规定》第 27 条的规定，当事人向人民法院申请保全证据的，应当在举证期限届满前以书面形式提出，并说明证据的名称和地点、保全的内容和范围、申请保全的理由等事项。当事人申请保全证据的，人民法院可以要求其提供相应的担保。法律、司法解释规定诉前保全证据的，依照其规定办理。

2. 证据保全措施

根据《行政诉讼证据规定》第 28 条的规定，人民法院依照行政诉讼法的相关规定保全证据的，可以根据具体情况，采取查封、扣押、拍照、录音、录像、复制、鉴定、勘验、制作询问笔录等保全措施。人民法院保全证据时，可以要求当事人或者其诉讼代理人到场。

（六）证据的质证

根据《行政诉讼法》第 43 条的规定，证据应当在法庭上出示，并由当事人互相质证。对涉及国家秘密、商业秘密和个人隐私的证据，不得在公开开庭时出示。人民法院应当按照法定程序，全面、客观地审查核实证据。对未采纳的证据应当在裁判文书中说明理由。以非法手段取得的证据，不得作为认定案件事实的根据。

根据《行政诉讼证据规定》第 40 条的规定，对书证、物证和视听资料进行质证时，当事人应当出示证据的原件或者原物。但有下列情况之一的除外：①出示原件或者原物确有困难并经法庭准许可以出示复制件或者复制品；②原件或者原物已不存在，可以出示证明复制件、复制品与原件、原物一致的其他证据。视听资料应当当庭播放或者显示，并由当事人进行质证。

（七）证据的证明效力

根据《行政诉讼证据规定》第63条的规定，证明同一事实的数个证据，其证明效力一般可以按照下列情形分别认定：①国家机关以及其他职能部门依职权制作的公文文书优于其他书证；②鉴定结论、现场笔录、勘验笔录、档案材料以及经过公证或者登记的书证优于其他书证、视听资料和证人证言；③原件、原物优于复制件、复制品；④法定鉴定部门的鉴定结论优于其他鉴定部门的鉴定结论；⑤法庭主持勘验所制作的勘验笔录优于其他部门主持勘验所制作的勘验笔录；⑥原始证据优于传来证据；⑦其他证人证言优于与当事人有亲属关系或者其他密切关系的证人提供的对该当事人有利的证言；⑧出庭作证的证人证言优于未出庭作证的证人证言；⑨数个种类不同、内容一致的证据优于一个孤立的证据。

（八）不需要证明的事实

根据《行政诉讼证据规定》第68条的规定，下列事实法庭可以直接认定：①众所周知的事实；②自然规律及定理；③按照法律规定推定的事实；④已经依法证明的事实；⑤根据日常生活经验法则推定的事实。

前款①③④⑤项，当事人有相反证据足以推翻的除外。

另据《行政诉讼证据规定》第70条的规定，生效的人民法院裁判文书或者仲裁机构裁决文书确认的事实，可以作为定案依据。但是如果发现裁判文书或者裁决文书认定的事实有重大问题的，应当中止诉讼，通过法定程序予以纠正后恢复诉讼。

三、刑事诉讼法及相关司法解释对刑事诉讼证据的一般规定

（一）刑事诉讼证据的种类

根据2012年《刑事诉讼法》第48条的规定，可以用于证明案件事实的材料，都是证据。证据包括：物证，书证，证人证言，被害人陈述，犯罪嫌疑人、被告人供述和辩解，鉴定意见，勘验、检查、辨认、侦查实验等笔录，视听资料、电子数据。证据必须经过查证属实，才能作为定案的根据。

（二）举证责任

根据 2012 年《刑事诉讼法》第 49 条的规定，公诉案件中被告人有罪的举证责任由人民检察院承担，自诉案件中被告人有罪的举证责任由自诉人承担。

另据《最高人民法院关于适用〈中华人民共和国刑事诉讼法〉的解释》（以下简称为《刑事诉讼法解释》）第 64 条的规定，应当运用证据证明的案件事实包括：①被告人、被害人的身份；②被指控的犯罪是否存在；③被指控的犯罪是否为被告人所实施；④被告人有无刑事责任能力，有无罪过，实施犯罪的动机、目的；⑤实施犯罪的时间、地点、手段、后果以及案件起因等；⑥被告人在共同犯罪中的地位、作用；⑦被告人有无从重、从轻、减轻、免除处罚情节；⑧有关附带民事诉讼、涉案财物处理的事实；⑨有关管辖、回避、延期审理等的程序事实；⑩与定罪量刑有关的其他事实。

认定被告人有罪和对被告人从重处罚，应当适用证据确实、充分的证明标准。

（三）证据收集的一般原则

根据 2012 年《刑事诉讼法》第 50 条的规定，审判人员、检察人员、侦查人员必须依照法定程序，收集能够证实犯罪嫌疑人、被告人有罪或者无罪、犯罪情节轻重的各种证据。严禁刑讯逼供和以威胁、引诱、欺骗以及其他非法方法收集证据，不得强迫任何人证实自己有罪。必须保证一切与案件有关或者了解案情的公民，有客观地充分地提供证据的条件，除特殊情况外，可以吸收他们协助调查。

（四）证据确实、充分原则

根据《刑事诉讼法》第 53 条的规定，对一切案件的判处都要重证据，重调查研究，不轻信口供。只有被告人供述，没有其他证据的，不能认定被告人有罪和处以刑罚；没有被告人供述，证据确实、充分的，可以认定被告人有罪和处以刑罚。证据确实、充分，应当符合以下条件：①定罪量刑的事实都有证据证明；②据以定案的证据均经法定程序查证属实；③综合全案证据，对所认定事实已排除合理怀疑。

（五）非法证据排除规则

根据《刑事诉讼法》第 54 条的规定，采用刑讯逼供等非法方法收集的犯罪嫌疑人、被告人供述和采用暴力、威胁等非法方法收集的证人证言、被害人陈述，应当予以排除。收集物证、书证不符合法定程序，可能严重影响司法公正的，应当予以补正或者作出合理解释；不能补正或者作出合理解释的，对该证据应当予以排除。在侦查、审查起诉、审判时发现有应当排除的证据的，应当依法予以排除，不得作为起诉意见、起诉决定和判决的依据。在侦查、审查起诉、审判时发现有应当排除的证据的，应当依法予以排除，不得作为起诉意见、起诉决定和判决的依据。

另据《刑事诉讼法解释》第95条的规定，使用肉刑或者变相肉刑，或者采用其他使被告人在肉体上或者精神上遭受剧烈疼痛或者痛苦的方法，迫使被告人违背意愿供述的，应当认定为《刑事诉讼法》第54条规定的"刑讯逼供等非法方法"。认定《刑事诉讼法》第54条规定的"可能严重影响司法公正"，应当综合考虑收集物证、书证违反法定程序以及所造成后果的严重程度等情况。

四、知识产权民事诉讼证据若干问题分析

知识产权民事诉讼证据主要适用《民事诉讼法》《民事诉讼法解释》和《民诉证据规定》的一般规定，相关司法解释（包括最高人民法院针对专利法等实体法的适用问题所涉及的举证责任问题所作的解释）有特别规定的，则适用特别规定。总的说来，现行的法律、司法解释不仅为知识产权民事诉讼证据的收集、提交、采信与证明提供了原则性的指引，而且也提供了操作性较强的具体规则与标准。当然，从笔者通过走访22名代理过知识产权诉讼案件的律师和/或专利代理人以及两名商标代理人所了解到的情况看，目前，在知识产权诉讼证据的收集与采用方面还存在几个较为突出的问题。

（一）受到侵害的权利人难以举证证明因被侵权而受到的损失

权利人因被侵权而受到的损失是知识产权侵权案件中确定损害赔偿额的一个重要依据，甚至是首要的依据，然而，接受访问的22名律师和/或专利代理人表示，他们所代理侵权案件没有一例能够提交令人信服的证据，用以证明权利人因被侵权而受到的损失。究其原因不外乎是，其一，被侵权期间，权利人自己的产品销量和利润也在增长；其二，即便权利人自己的产品销量和利润有所下降，也难以证明产品销量和利润下降与侵权行为之间的因果关系。

在权利人因被侵权而受到的损失难以证明的情况下，虽然可以通过侵权

人因侵权而获得的利益来确定损害赔偿额,但侵权人因侵权而获得的利益也是难以证明的。虽然权利人可以请求法院责令侵权人提供相应的会计资料,并且在侵权人拒绝提供会计资料的情况下,法院可以支持权利人所主张的赔偿额,但实际情况通常是,侵权人所提供的会计资料往往"证明"侵权获利甚少,而要证明会计资料造假,就更不容易了。

对于损害赔偿额的证明问题,本书认为,权利人应换一个思路:除自己生产销售知识产权产品外,还应积极地拓展知识产权许可使用业务,通过知识产权的许可使用费来展现知识产权的市场价值,这样在发生侵权的情况下,法院就可以参照许可使用费或者许可使用费的倍数来合理确定损害赔偿额。当然,实践中也可能存在另一方面的问题,一些权利人为了获得更多的损害赔偿,会串通第三人订立虚假的或者许可使用费明显不合理的"专利许可使用合同",而只要被告有证据证明"专利许可使用合同"是虚假的或者许可使用费明显不合理,例如,没有相应的转账记录,或者许可人与被许可人存在特殊关系有可能影响许可使用关系的真实性或者许可使用费的合理性,人民法院也可能排除专利许可使用费倍数的参照适用。[1]

(二) 非新产品方法专利很难获得侵权证据

因新产品制造方法发明专利引起的专利侵权诉讼,由制造同样产品的单位或者个人对其产品制造方法不同于专利方法承担举证责任,这一规定,对于权利人来说无疑是很有利的。然而,如果方法发明专利所保护的方法并非新产品制造方法,甚至与产品制造无关,那么专利权人在侵权诉讼中就需要提交证据证明被控侵权人使用了专利方法,而实际上专利权人很难获得足以形成完整证据链的、用以证明他人侵权的证据。本书认为,为了有效保护方法发明专利,同时也为了平衡专利权人与公众之间的利益,有权机关可以适当考虑调整方法发明专利的侵权举证证明责任。例如,在(非新产品)方法发明专利权人有初步证据或/和充分说理,证明或说明被控侵权人具有使用其

---

[1] 据一位律师介绍,某专利权人(也是发明人)曾与其妻子担任董事长兼总经理的公司签订专利许可使用合同,约定了高额的许可使用费,并且在起诉他人侵权时向法院提供了专利许可使用合同和银行的转账记录。但是,被控侵权人通过公民信息管理局查到了专利权人与被许可人的法定代表人之间是夫妻关系的证明材料,同时也收集到了被许可人的生产规模与许可使用费明显不相称的证据材料,并将所述证据材料提供给人民法院,最终人民法院在确定损害赔偿数额时,排除了专利许可使用费倍数的参照适用。另需说明的是,由于该律师表示不便于透露当事人的姓名和其他涉及其身份的细节,笔者未能通过中国裁判文书网等网站检索到此案。

专利方法的可能性的情况下，例如，根据已公开的技术文献，特定的技术效果只能通过实施涉案专利才能实现，而使用本领域的其他现有技术（现有的方法）不能实现所述特定的技术效果，并且被控侵权人所使用的方法也的确实现了所述特定的技术效果，在这种情况下，就应当由被控侵权人对其所使用的方法不同于专利方法承担举证证明责任。当然，由被控侵权人对其所使用的方法不同于专利方法承担举证证明责任，本身也可能涉及被控侵权人的技术秘密的保护问题，毕竟，被控侵权人也有可能使用不同方法实现了相同的技术效果，且所述方法采用技术秘密的形式予以保护。因此，对于被控侵权人在法庭上基于举证的需要而披露的技术秘密，专利权人也负有保密和不擅自使用的义务。

（三）商业秘密的侵权证据难以取得

据接受走访的部分律师介绍，近三年来，他们从不同的商业秘密权利人那里获取了109条涉嫌侵犯不同的商业秘密的证据材料，通过律师取证后，就其中的16件被认为证据相对较为充分的、涉嫌侵犯商业秘密的案件向法院起诉，而最终获得法院支持的只有3件，败诉的主要原因是原告未能向法庭提交证明被告使用其商业秘密的直接证据，而法庭也认为原告提供的间接证据不足以证明被告使用了原告的商业秘密。然而，要获取被告使用原告商业秘密的直接证据，其难度甚至大于获取方法专利的侵权证据。

考虑商业秘密的范围很宽泛，部分商业秘密属于企业的核心技术，甚至是隐含在发明专利中的关键技术，我国有必要加强商业秘密的保护。为此，本书建议，对于涉及商业秘密中的、方法类技术秘密（技术秘密所保护的是方法）的侵权案件，可以比照制造新产品的方法发明专利，由被控侵权人承担其未使用商业秘密的举证责任。

（四）涉嫌销售侵权商品的小商店难以证明商品的合法来源

笔者在湖南调研时了解到一些销售侵犯注册商标专用权的商品的小商店实际上并不知道自己销售的是侵权产品，但仍然被法院认定侵权并承担损害赔偿责任。原因在于，这些小商店不能证明侵权商品的"合法来源"，确切地说，其用以证明侵权商品的"合法来源"的证据不被法院采信。

根据《商标法》第64条第2款的规定，销售不知道是侵犯注册商标专用权的商品，能证明该商品是自己合法取得并说明提供者的，不承担赔偿责任。另据《商标法实施条例》第79条的规定，下列情形属于《商标法》第60条规定的能证明该商品是自己合法取得的情形：①有供货单位合法签章的供货清单和货款收据且经查证属实或者供货单位认可的；②有供销双方签订的进货合同且经查证已真实履行的；③有合法进货发票且发票记载事项与涉案商品对应的；④其他能够证明合法取得涉案商品的情形。

笔者了解到，上述小商店会从批发商那里进货，并且一次进多种商品，但每种商品的量都很少，而发票或者收据上往往仅记载进货总价款，并不会注明每一种商品的名称。另外，即便供货清单和货款收据上注明了商品名称，其所注名称也可能是商品的通用名称，而不是商标的名称。而一旦小商店经营的某一种商品所使用的商标属于侵权商标，且小商店被商标注册人起诉到法院，该小商店很难证明商品的合法来源，其原因在于，部分法院往往只承认《商标法实施条例》第79条第（一）至（三）项所规定的能证明其销售商品是自己合法取得的情形。本书认为，小商店经营的品种多，但每种商品的量都很少，要求小商店进货时将每种商品的商标都标注在进货发票或供货清单和货款收据上太苛刻，因此，对小商店证明商品合法来源的责任要适当减轻。

其实，其他类型的知识产权侵权产品的合法来源证明，也存在同样的问题。近年来，一些高级人民法院，为了规范辖区内相关案件的合法来源证明的尺度问题，公布了一些指导意见。例如，广东省高级人民法院于2009年发布的《关于审理侵犯音像著作权纠纷案件若干问题的指导意见》第10条规定，认定音像制品是否具有合法来源，应当审查以下事实综合判断：①发行人、出租人的音像制品是否来源于有《音像制品出版许可证》并经工商行政管理部门登记的音像出版单位；②音像制品及其包装物上是否标明了出版单位的名称、地址、音像制品的版号、出版时间、责任编辑、著作权人、条形码以及进口批准文号等；③发行人、出租人与出版者之间是否签署商业合同、开具发票；④音像制品的销售价格是否不合理的低于同类制品的市场价格等。

又如，江苏省高级人民法院于2010年发布的《侵犯专利权纠纷案件审理指南》第5.10节规定，为生产经营目的使用、许诺销售或者销售未经专利权人许可而制造并售出的专利侵权产品，能证明该产品合法来源的，只承担停止侵权责任，不承担赔偿责任。合法来源，应当是指符合合同法要件的来源，即使用、许诺销售或者销售人对于被控侵权产品存在符合《合同法》规定的合同关系，而不是指被控侵权产品是经过专利权人许可制造的。合法来源认定的基本要件包括：正当的合同关系、正当的进货渠道、合理对价等因素。江苏省高级人民法院于 2011 年发布的《侵犯商标权纠纷案件审理指南》第 7.2 节规定，销售商提出合法来源抗辩时，需要证明：①其确实不知道自己销售的是侵犯他人注册商标专用权的商品；②商品是由正规、合法渠道取得，并指明商品的提供者。

再如，北京市高级人民法院于 2017 年发布的《专利侵权判定指南》第 146 条规定，合法来源是指通过合法的销售渠道、通常的买卖合同等正常商业方式取得被诉侵权产品。对于合法来源的证明事项，被诉侵权产品的使用者、许诺销售者或销售者应当提供符合交易习惯的票据等作为证据，但权利人明确认可被诉侵权产品具有合法来源的除外。

上述指导意见对于合理解决侵权产品"合法来源"的证明具有规范作用，但总的说来，证明标准偏严。关于"合法来源"的证明，本书认为，应充分考虑市场交易的现实，以及销售商规模、专业程度等因素。现实交易中，小商店从批发商那里少量进货一般不会签订进货合同，即便签订进货合同——进多种商品时因总金额较大也可能会签合同，也不一定指名道姓地标注商标的名称，特别是当商标为不便于呼叫名称的图形商标时，即使想标注也不好标注。因此，小商店能指出具体的批发商，并且能证明其与批发商之间存在某种商品（具有特定的商品通用名称）的供货关系，就履行了"合法来源"的证明责任，商标注册人真想维权，特别是获得充分的损害赔偿，完全可以通过起诉批发商乃至生产商予以实现。特别是，如果小商店和批发商都应诉的话，则更有利于法院正确认定小商店销售的侵权商品是否有"合法来源"。

另需说明的是，"合法来源"的证明，以销售商不知道其所销售的商品是侵权产品为前提，然而，不知道其所销售的商品是侵权产品是一个消极事实，销售商实际上不可能直接证明其不知道其所销售的商品是侵权产品。因此，只要原告不能证明销售商明知或应知其所销售的商品是侵权产品，就可以推定销售商不知道其所销售的商品是侵权产品。

需要特别强调的是，制止生产商的侵权行为，才是真正从源头上遏制侵权行为，因此，降低销售商"合法来源"证明的标准，有利于引导知识产权权利人起诉知识产权侵权产品的制造商，从而从源头上遏制侵权行为。此外，知识产权侵权产品的制造商也可能拥有不构成侵权的抗辩理由，而对于这些抗辩理由，销售商特别是作为零售商的小商店是不知情的。因此，尽管权利人的确有权仅针对销售商甚至小商店起诉,而不必起诉制造商,但是,在制造商不参与诉讼的情况下,有可能会出现不合理的裁判结果。

(五) 全方位侵权行为的取证难问题

实践中,大量出现的知识产权侵权产品上会标注侵权产品制造商的名称、地址,这就意味着侵权人的身份是很清楚的,权利人可以方便地向法院起诉侵权人,但是,仍有数量不少的知识产权侵权产品是全方位的侵权产品。例如,某些假冒注册商标的侵权产品,不仅用了权利人的商标,而且厂商名称、地址、包装装潢乃至"防伪标记"、联系电话全是用的权利人自己的标志或信息,一些权利人戏称这种商品为"海陆空一体化的全方位"侵权假冒商品。由于商品上没有标记任何侵权人的信息,权利人甚至无法确定是谁在制造侵权商品,自然难以证明侵权商品制造商的身份。专利侵权产品或者其他侵犯知识产权的产品也存在类似问题。

本书认为,对于上述问题,一方面,可以通过零售商逐步追根溯源,另一方面,则确实需要国家公权力的介入,例如,知识产权行政执法机关,甚至公安机关的介入。不过,本书作者也了解到,对于侵权产品制造商身份不明的侵权行为,由于执法力量不足的原因,知识产权行政执法机关或公安机关不一定积极介入,或者介入后效果不佳。

五、知识产权行政诉讼证据问题

知识产权行政诉讼包括两类,一类是因不服知识产权行政执法部门在知识产权行政执法过程中的行政行为而提起的行政诉讼,一类是在知识产权授权和确权的过程中,因不服知识产权复审机关的行政行为而提起的行政诉讼。总的说来,现行的《行政诉讼法》《行政诉讼法解释》《行政诉讼证据规定》等法律和司法解释关于证据的一般规定和相关司法解释中的特别规定,能够较好地解决知识产权行政诉讼中的证据问题。当然,就知识产权的行政执法而言,知识产权诉讼证据所存在的问题与知识产权民事证据所存在的问题也有共性。另外,就涉及知识产权行政授权确权的诉讼而言,目前,反应比较强烈的是,知识产权复审机关在公知常识和惯用手段的认定方面不够严谨,另外,就是化学类专利申请的实验证据的补交与采信问题,现行的规定不是太合理。对这些问题,《最高人民法院关于审理专利授权确权行政案件若干问题的规定(一)》(公开征求意见稿)有所涉及。本书第三章也对这些问题

有所讨论,相信随着新的司法解释的公布施行,这些问题是可以得到解决的。

六、知识产权刑事诉讼证据问题

《刑事诉讼法》和《刑事诉讼法解释》中有关证据的一般规定是知识产权刑事诉讼证据的获得与应用的基本依据。此外,由最高人民法院、最高人民检察院和公安部联合发布的《知识产权刑事案件意见》也对知识产权刑事诉讼证据作了规定。

根据《知识产权刑事案件意见》第2条的规定,行政执法部门依法收集、调取、制作的物证、书证、视听资料、检验报告、鉴定结论、勘验笔录、现场笔录,经公安机关、人民检察院审查,人民法院庭审质证确认,可以作为刑事证据使用。

行政执法部门制作的证人证言、当事人陈述等调查笔录,公安机关认为有必要作为刑事证据使用的,应当依法重新收集、制作。根据《知识产权刑事案件意见》第3条的规定,公安机关在办理侵犯知识产权刑事案件时,可以根据工作需要抽样取证,或者商请同级行政执法部门、有关检验机构协助抽样取证。法律、法规对抽样机构或者抽样方法有规定的,应当委托规定的机构并按照规定方法抽取样品。公安机关、人民检察院、人民法院在办理侵犯知识产权刑事案件时,对于需要鉴定的事项,应当委托国家认可的有鉴定资质的鉴定机构进行鉴定。公安机关、人民检察院、人民法院应当对鉴定结论进行审查,听取权利人、犯罪嫌疑人、被告人对鉴定结论的意见,可以要求鉴定机构作出相应说明。根据《知识产权刑事案件意见》第4条的规定,人民法院依法受理侵犯知识产权刑事自诉案件,对于当事人因客观原因不能取得的证据,在提起自诉时能够提供有关线索,申请人民法院调取的,人民法院应当依法调取。

另需说明的是,据部分侦查过涉嫌侵犯知识产权罪的刑事案件的公安人员介绍,目前,在知识产权刑事诉讼证据方面还存在一个较为突出的问题,那就是部分知识产权行政执法部门在行政执法过程中所获得的、能够证明行为人已涉嫌构成侵犯知识产权罪的证据没有移送给公安机关,从而导致一些原本涉嫌构成侵犯知识产权罪的行为人未被追究相应的刑事责任。虽然根据《刑事诉讼法》第54条第2款的规定,行政机关在行政执法和查办案件过程中收集的物证、书证、视听资料、电子数据等证据材料,在刑事诉讼中可以作为证据使用。但是，在知识产权权利人仅向知识产权行政执法部门举报他人侵犯其知识产权，且知识产权行政执法部门在调查取证后没有将侵权行为人涉嫌侵犯知识产权犯罪的证据移送给公安部门的情况下，公安部门通常不会主动对涉嫌构成侵犯知识产权罪的行为人进行立案侦查。

REFERENCES 参考文献

一、教材类

[1] 李浩：《民事诉讼法学》（第 2 版），法律出版社 2014 年版。

[2] 陈光中主编：《刑事诉讼法》（第 2 版），北京大学出版社、高等教育出版社 2002 年版。

[3] 《行政法与行政诉讼法学》编写组编：《行政法与行政诉讼法学》，高等教育出版社 2017 年版。

[4] 罗传贤编著：《行政法概要》，五南图书出版公司 2005 年版。

[5] 张树义主编：《行政法学》，北京大学出版社 2005 年版。

[6] 刘春田主编：《知识产权法》（第 4 版），高等教育出版社、北京大学出版社 2010 年版。

[7] 魏振瀛主编：《民法》（第 5 版），北京大学出版社、高等教育出版社 2013 年版。

[8] 王迁：《知识产权法教程》（第 3 版），中国人民大学出版社 2011 年版。

[9] 北京万国学校组编：《2016 万国专题讲座⑤民事诉讼法》，中国法制出版社 2015 年版。

二、著作类

[1] 王泽鉴：《侵权行为》，北京大学出版社 2009 年版。

[2] 张铁薇：《共同侵权制度研究》，人民法院出版社 2013 年版。

[3] 王胜明主编：《中华人民共和国侵权责任法解读》，中国法制出版社 2010 年版。

[4] 程啸：《侵权责任法》（第 2 版），法律出版社 2015 年版。

[5] 卢正敏：《共同诉讼研究》，法律出版社 2011 年版。

[6] 范长军：《德国专利法研究》，科学出版社 2010 年版。

[7] 李明德：《美国知识产权法》（第 2 版），法律出版社 2014 年版。

[8] 张嘉军：《民事诉讼契约研究》，法律出版社 2010 年版。

[9] 李晶晶：《数字环境下中美版权法律制度比较研究》，人民日报出版社 2016 年版。

[10] 蔡肖文：《诉权理论的中国阐释》，中国政法大学出版社 2016 年版。

作为证据使用。但是，在知识产权权利人仅向知识产权行政执法部门举报他人侵犯其知识产权，且知识产权行政执法部门在调查取证后没有将侵权行为人涉嫌侵犯知识产权犯罪的证据移送给公安部门的情况下，公安部门通常不会主动对涉嫌构成侵犯知识产权罪的行为人进行立案侦查。

参考文献

一、教材类

[1] 李浩：《民事诉讼法学》（第2版），法律出版社2014年版。

[2] 陈光中主编：《刑事诉讼法》（第2版），北京大学出版社、高等教育出版社2002年版。

[3] 《行政法与行政诉讼法学》编写组编：《行政法与行政诉讼法学》，高等教育出版社2017年版。

[4] 罗传贤编著：《行政法概要》，五南图书出版公司2005年版。

[5] 张树义主编：《行政法学》，北京大学出版社2005年版。

[6] 刘春田主编：《知识产权法》（第4版），高等教育出版社、北京大学出版社2010年版。

[7] 魏振瀛主编：《民法》（第5版），北京大学出版社、高等教育出版社2013年版。

[8] 王迁：《知识产权法教程》（第3版），中国人民大学出版社2011年版。

[9] 北京万国学校组编：《2016万国专题讲座⑤民事诉讼法》，中国法制出版社2015年版。

二、著作类

[1] 王泽鉴：《侵权行为》，北京大学出版社2009年版。

[2] 张铁薇：《共同侵权制度研究》，人民法院出版社2013年版。

[3] 王胜明主编：《中华人民共和国侵权责任法解读》，中国法制出版社2010年版。

[4] 程啸：《侵权责任法》（第2版），法律出版社2015年版。

[5] 卢正敏：《共同诉讼研究》，法律出版社2011年版。

[6] 范长军：《德国专利法研究》，科学出版社2010年版。

[7] 李明德：《美国知识产权法》（第2版），法律出版社2014年版。

[8] 张嘉军：《民事诉讼契约研究》，法律出版社2010年版。

[9] 李晶晶：《数字环境下中美版权法律制度比较研究》，人民日报出版社2016年版。

[10] 蔡肖文：《诉权理论的中国阐释》，中国政法大学出版社2016年版。

三、译著类

[1] [英] 理查德·哈康、[德] 约享·帕根贝格编：《简明欧洲专利法》，何怀文、刘国伟译，商务印书馆 2015 年版。

[2] [美] 谢尔登·W. 哈尔彭、克雷格·艾伦·纳德、肯尼斯·L. 波特：《美国知识产权法原理》，宋慧献译，商务印书馆 2013 年版。

[3] [美] 道格拉斯·沃尔顿：《法律论证与证据》，梁庆寅等译，中国政法大学出版社 2010 年版。

四、期刊类

[1] 向波："论专利权保护范围的不确定性——以等同原则为考察视角"，载《兰州学刊》2015 年第 11 期。

[2] 周详、罗军："对专利权保护范围延及专用品的质疑——专利间接侵权及其与权利要求撰写质量之间的关系"，载《中国专利与商标》2019 年第 1 期。

[3] 陈鹏："行政行为合法性审查存在的问题及其完善路径"，载《天津法学》2019 年第 2 期。

[4] 张轶："论专利独占被许可人的诉权"，载《知识产权》2018 年第 1 期。

[5] 马岩岩："2017 年商标评审案件行政诉讼总体情况分析"，载《中华商标》2018 年第 7 期。

[6] 何红锋、陈跃东："论联合商标保护制度"，载《南开学报（哲学社会科学版）》2000 年第 1 期

[7] 张今、谭伟才："联合商标、防御商标与商标权的保护"，载《知识产权》1994 年第 6 期。

[8] 王竹："论教唆行为与帮助行为的侵权责任"，载《法学论坛》2011 年第 5 期，熊文聪："被误读的专利间接侵权规则——以美国法的变迁为线索"，载《东方法学》2011 年第 1 期。

[9] 张玉敏、邓宏光："专利间接侵权制度三论"，载《学术论坛》2006 年第 1 期

[10] 魏征："我国不应该有专利间接侵权理论的应用空间"，载《中国专利与商标》2008 年第 1 期。

[11] 董美根："英美法系与大陆法系中版权被许可人诉权问题比较研究——以《侵权责任法》为出发点"，载《知识产权》2011 年第 8 期。